师道

S H I D A O

姚卫伟 著

江苏凤凰教育出版社
Phoenix Education Publishing, Ltd

图书在版编目（CIP）数据

师道/姚卫伟著. —南京：江苏凤凰教育出版社，2019.5
 ISBN 978-7-5499-8026-0

Ⅰ. ①师… Ⅱ. ①姚… Ⅲ. ①教师—修养 Ⅳ. ①G451.6

中国版本图书馆 CIP 数据核字（2019）第 086507 号

书　　　名	师道
作　　　者	姚卫伟
责 任 编 辑	刘　煜　俞　婷
出 版 发 行	江苏凤凰教育出版社（南京市湖南路 1 号 A 楼　邮编 210009）
苏 教 网 址	http://www.1088.com.cn
照　　　排	南京前锦排版服务有限公司
插　　　画	龙　欢
印　　　刷	江苏扬中印刷有限公司（电话：0511-88420818）
厂　　　址	江苏扬中市大全路 6 号（邮编：212212）
开　　　本	787mm×1092mm　1/16
印　　　张	12
版　　　次	2019 年 5 月第 1 版 2019 年 5 月第 1 次印刷
书　　　号	ISBN 978-7-5499-8026-0
定　　　价	35.00 元
网 店 地 址	http://jsfhjycbs.tmall.com
公 众 号	苏教服务（微信号：jsfhjyfw）
邮 购 电 话	025-85406265，025-85400774，短信 02585420909
盗 版 举 报	025-83658579

苏教版图书若有印装错误可向承印厂调换
提供盗版线索者给予重奖

目录

3	■	百科全书梁启超
15	■	兼容并包蔡元培
25	■	容为智慧胡适之
35	■	唤醒国人马相伯
47	■	允公允能张伯苓
59	■	大师之谓梅贻琦
69	■	唯求其是竺可桢
81	■	平民情怀晏阳初
91	■	爱满天下陶行知
103	■	独立品格陈寅恪
115	■	一代大儒梁漱溟
127	■	大师之师叶企孙
139	■	美在艺术吕凤子
153	■	语文人生叶圣陶
165	■	儿童世界陈鹤琴
179	■	灵魂高度李叔同

扫一扫 听朗读
感受大师风范

梁启超

1873–1929

大师档案

梁启超 字卓如，一字任甫，号任公，又号饮冰室主人。

梁启超是中国近代思想家、政治家、教育家、史学家、文学家，也是戊戌变法的领袖之一。他出生于广东新会茶坑村，祖父、父亲在当地颇有影响。梁启超4岁跟祖父识字，祖父经常对他讲悲壮激昂的爱国故事，朗诵激动人心的爱国诗篇，这对梁启超有重要的影响。忧世嫉俗、家国情怀的种子在梁启超幼小的心灵中深深地扎下了根。梁启超少年登第，全家人希望他顺着科举之道一步步走下去，但自从到广州读书后，梁启超渐渐对八股文失去了兴趣。梁启超虽然在广州乡试中举（名列第八），但随着年龄的增长、视野的开阔，他的思想有了很大的转变。1896年始，梁启超写出了《变法通议》《论中国积弱由于防弊》等一系列文章著作，并在《时务报》上写时评文章。

梁启超擅长用浅显流畅的文字阐述重大的时事问题和深刻的道理，文笔犀利，情感丰富，有很强的鼓动性。1897年，梁启超到湖南任时务学堂总教习，对课程设置与教学方法都有很多的改革与创新。戊戌变法失败后，梁启超逃出北京，东渡日本。梁启超在日本虽然同孙中山等革命人士有来往，但其改良主张与革命派的主张完全不同。梁启超具有很强的政治意识，不过他一度在袁世凯"责任内阁"中任职，深深地陷入了北洋军阀的内部纷争之中，后来他认识到了军阀的本质，对他曾鼎力支持的袁世凯深表失望。

梁启超的主要精力在从政，附带的学术研究成果丰硕，影响巨大。他是20世纪前期近代史学理论的代表人物，对目录文献学、图书馆学等都有杰出的贡献。他带有"策士文学"风格的"新文体"直至今日都被学界模仿。梁启超还是一位大书法家，他是公认的中国历史上百科全书式的人物。晚年时，梁启超把长期积累的图书善本及其他相应的文物藏品全部捐献给了国家图书馆。

大师风范

百科全书梁启超

　　梁启超有点像古希腊的亚里士多德，他是一个博学家，学界习惯称他为百科全书式的人物。他在史学、文学、法学、经济学、地理学等众多领域都有建树，很多方面都作出了开创性贡献。梁启超是思想家、政治家、教育家、史学家、文学家……作为政治家的梁启超，颇受争议。他17岁中举，走的是科举为官之路；他师从康有为走上了改良维新变法之路；后来思想趋于保守，主张所谓的"开明专制"之路，竭力维护袁世凯，又转而反对袁世凯，从高唱宪政到认同共和……梁启超的政治主张一变再变。不管怎么变，梁启超一直忧国忧民，一直致力于改造中国社会，一直为改变中国落后的现状而寻找出路。1912年10月，梁启超从日本回国，在极高的政治声望中进入政坛，并组建政党，积极作为，一度还在由袁世凯任命的内阁总理熊希龄政府中担任司法总长，但中国的现实打碎了梁启超的梦想，随着清王朝的彻底崩溃，共和的实行也势不可当。梁启超曾在改良与革命之间不断摇摆，但为民族的强盛和国家的繁荣而奔走呼喊，则是梁启超从未改变过的目标和行动。在新旧交替的特殊时代，梁启超政治主张的多变不是见风使舵的善变，而是根据时事和顺应形势作出的某种妥协与调整。梁启超的出发点是为避免国家持续陷入动荡之中，是为了找到一条改变中国社会的合适道路。

1918年底，第一次世界大战结束，梁启超与蒋百里、张君劢等人前往欧洲，经过一年实地考察，发现工业革命与大机器时代到来后，虽然科学发展了，生产力提高了，但问题随之而来，富人越来越富，穷人越来越多。尽管资产阶级在不到一百年的时间里所创造的物质财富比以往所有时代的总和还要多，但人类的幸福并没有增加，灾难与痛苦却越来越多。梁启超的结论是：西方文明已经破产，中国的未来还是要到中国传统文化中去找出路。

梁启超一生最难能可贵的是他结束政治生涯后的学术成就和教育贡献。梁启超作为政治家，功过是非有争议；作为教育家和学问家，则没有争议。若从现代大教育的观念看梁启超的教育生涯，他在新式教育、国学教育、家庭教育和大众传播教育上均作出了开创性的贡献。

是新式教育梁启超。

创办于1897年10月的湖南时务学堂，特聘请梁启超为中文总教习。梁启超打破陈规，实行"中西并重"。梁启超强调时务学堂的学生通彻中国经史大义后，还要学习西方人的声、光、化、电、格、算之述作，学习农、矿、工、商等学问。这也可视为梁启超是最早在教学内容上倡导和践行西方现代教育思想和教育方法的佐证。梁启超还在教育上体现他的政治抱负。任总教习的梁启超认为，作为湖南的最高学府，学堂只招120名学生太少，应该在各县增加招生名额，他要让学堂成为"开民智"的一个主阵地。所谓的"民权"，没有民的智，就没有民的权。梁启超说："权者生于智者也，有一分之智，即有一分之权；有六七分之智，即有六七分之权；有十分之智，即有十分之权……故权之与智，相倚者也……"梁启超来时务学堂之前，作为《时务报》的主笔，势力正盛，名气正大，他辞主笔办教育，主要目的是为了通过教育开民智。梁启超在湖南时务学堂的教育理念，包括教学内容及课程的设置、教学的方法及人才培养的目标途径，这些理念即使放在今天，仍不失前瞻的意义。梁启超亲手制定的《湖南时务学堂学约》在中国教育史上有着重要的影响。《学约》共十章，即"立志、养心、治身、读书、穷理、学文、乐群、摄生、经世、传教"。梁启超特别强调，读书不能只通一国之书，而应古今中外广泛涉猎，并重视自然科学的学习。对于课堂教学的具体方法，梁启超也有独到见解与运用贯彻，如主张启发式教学和创新思维的培养，"旁通发挥"，"发明新义"，还有主张联系实际教学与中西比较教学。梁启超的教学思想、教学主张让时务学堂顿开新风，师生都有豁然开朗、视野大开之感。离开长沙26年后，梁启超再次来到长沙，他在湖南省立第一中学作题为"湖南教育界之回顾与前瞻"的演讲时，深情地回忆了当年在时务学堂推行新式教学及推动维新活动的情景。

二是国学教育梁启超。

2009年11月1日，经过较长时间的筹备，清华大学国学院终于正式成立。此前，北京大学和中国人民大学已先期设立了国学院。在名牌大学设立国学院的必要性仍存有争议，但清华大学建立国学院似乎更有某种合理性。这就要追溯到1925年清华国学研究院的成立，研究院虽然只办了短短的四年，但因国学院四位指导老师的卓然超群而享有很高的声誉。在当年清华国学研究院毕业的70名学生中，有50多人成为我国人文学界的著名学者。梁启超就是国学院的四名指导老师之一，其余三位分别是王国维、陈寅恪、赵元任。包括梁启超在内的四位导师都在他们所研究的领域产生了引领性影响。著名画家陈丹青创作的油画《国学研究院》重现了当时王国维、梁启超等四位教授的风采。陈丹青这幅作品之所以具有广泛影响，不仅仅是因为画家的精湛画艺，更因为这个题材的非同一般，以及四位人物的不同凡响。

为什么那个时代清华大学要成立国学研究院呢？由于五四运动及各种新的潮流对孔孟之道的冲击，有的学者并不赞成全盘否定中国传统文化。当打碎了一个旧的世界，那么新的世界又在哪里呢？中国的文明之路到底怎么走？包括梁启超在内的一些知名学者想到的另一条路就是回归传统，即从中国传统儒学中寻找中国的出路。这样的想法与行动虽算不上成功，但有其历史价值。中国进入21世纪之后越来越重视国学，甚至掀起了一股国学热，这也是一种历史的回声，有其当代意义和现实价值。

梁启超对国学教育的贡献首先体现在他对国学研究的贡献。他是20世纪前期创建我国近代史学理论的代表人物。他前期发表的《中国史叙论》《新史学》以批判的眼光对中国几千年来的封建史学进行梳理辩证，并为此撰写了一系列的论著。梁启超对中国历史的研究，称得上是一场史学的革命。由中国画报出版社出版的《梁启超：国学讲义》一书表明：从蒙学教学、四书、诸经、诸史到中国的诗歌，梁启超都有独到的研究与阐述。他年均49万字左右的撰述，大都为国学研究成果。作为学者的梁启超，国学研究成就卓著；作为教授的梁启超，清华园短短的四年导师生涯就是他国学教育经历的最好证明。梁启超与清华大学的不解之缘，不仅仅是国学研究院。梁启超早年应邀到清华大学发表题为"君子"的演讲，其中以《周易》中的"天行健，君子以自强不息；地势坤，君子以厚德载物"来解说"君子之义"。因为梁启超的这次演讲，又结合清华学子"崇德修学"的成才目标,"自强不息,厚德载物"就成了清华大学的校训,沿用至今。

三是家庭教育梁启超。

梁启超如居里夫人一样,自身成就巨大,子女个个成才。梁启超的几个子女,个个是精英,一门三位院士。2016年4月14日,梁思礼院士在北京逝世。他是中国航天事业的奠基人,中国科学院院士。而他的另一个身份是梁启超最小的儿子。还有两位院士则是梁启超的另两个儿子,长子梁思成和次子梁思永,一个是著名的建筑学家,一个是著名的考古学家。特别是长子梁思成,他为了保护中国的古建筑可谓呕心沥血,经历了千辛万苦。一个广为传颂的故事就是梁思成受父亲"社会公德"之教诲,为调查摸清中国古建筑状况,向全国县一级的邮政局局长发函求助:请求将当地有名的古建筑拍成照片提供给自己研究。梁思成给每位邮政局局长寄去两块大洋虽不算多,但全国那么多的县加起来就是一笔不小的数目,而梁思成完全是自费。也许今天有人会问,万一哪位邮政局局长拿了大洋不理睬梁思成怎么办呢?这就是梁思成的不凡气度,这就是诚信的力量!信任他人与胸怀天下,这也可以说是梁启超的家风。

实际证明,人们的担心是多余的。每位局长都按照梁思成的要求寄来了当地古建筑的照片。梁思成的夫人叫林徽因,她的优秀自不待说,她与梁思成结合的佳话让满门俊秀的梁启超家族又多了一个才女。

梁启超的其他几个子女也都在各自的领域或岗位上作出了出色的成绩。除三位院士外,长女梁思顺是诗词研究的专家。三儿子梁思忠,毕业于美国西点军校,曾参加淞沪抗战。次女梁思庄是图书馆学家。四子梁思达是经济学家。三女儿梁思懿是社会活动家。四女儿梁思宁曾考上著名学府南开大学，1937年因日本飞机轰炸南开而失学，后投奔新四军，加入中国共产党，成为一名出色的军队宣传干部，得到陈毅元帅的夸奖。《梁启超家书》的内容表明，梁启超对每一个子女的成长都十分关心。在致思顺的家书中，梁启超殷殷嘱咐"人贵自立也"，"处忧患最是人生幸事"。他写信宽慰梁思成，"今天谁也料不到明天的事，只好随遇而安了"。他要求每个孩子："生当乱世，要吃得苦。"在致思达的家书中说"总之必回家过年"……只寥寥数语，便可看出梁启超教育子女的殷殷之意。梁启超教育子女的很多话已成经典，流传至今。如："莫问收获，但问耕耘。""与子女做朋友。""做家长要有趣味，养出的孩子才能有趣味。""不要填鸭式的教育。""我对你们的功课绝不责备。""天下事业无所谓大小，只要在自己的责任内，尽自己力量去做，便是第一等人物。"

　　天下哪一个父母不希望孩子成才？怎样才能使孩子成才呢？绝非"不输在起跑线上"那么简单，梁启超教育孩子的理念与方法一定会给人以启示。

　　梁启超子女的成才亦与梁启超自身的表率作用分不开。梁启超最重视的还是"做人"的教育，他在苏州振华学堂发表演讲：为什么要学校呢？进学校就是为了多读书。为什么要多读书呢？多读书就是为了求学问。为什么要求学问呢？求学问就是为了学做人。梁启超对子女的教育不仅仅是言传，更是身教。发愤努力、永不懈怠的梁启超对子女是无形的教育。胸怀天下、心系国家、爱国爱民的梁启超更给子女以人生理想的激励。梁启超作为京师图书馆（即现在的国家图书馆）的馆长，在经费极度困难的情况下，拿出自己的钱为全馆的员工发工资。梁启超当然也没有那么多现款，他将个人十余年积存的永年人寿保险单由信托公司抵押换得现款，来支付全体馆员的薪资。梁启超去世前立下遗嘱，把自己所藏的全部图书共41089册，还有一千多种碑帖、大量的信札和价值连城的珍本全部捐给京师图书馆。梁启超的这一义举对孩子及家庭成员也是无声的教育。

梁启超的教育贡献，还体现在他以演讲的方式传播思想，教育民众，特别是教育年轻的学生。演讲台是他别样的讲台，如前面提到的梁启超在苏州的演讲，至今都有很大的震撼力和穿透力。黄遵宪评价梁启超的演讲稿："惊心动魄，一字千金，人人笔下所无，却为人人意中所有，虽铁石人亦应感动。从古至今，文字之力之大，无过于此者矣。"毛泽东评价梁启超及其文章及演讲，"立论锋利，条理分明，感情奔放，痛快淋漓……清新平易，传诵一时，是当时最有号召力的政治家"。梁启超的演讲让讲台和学校集中教育的功能得到了延伸与放大。

梁启超以自己的绝色才华、奔放情感、历史使命和责任担当，让教育开启民智唤醒民众的作用得到了最大的发挥。

大师语录

◎ 当其名高任重，气度雍容，望之俨然，即之温然，此其所以为厚也，此其所以为君子也。

◎ 凡事思而后行，言思而后出，此立身之大本也。人之所以为万物之灵，亦因其具有此种能力，唯必思所以发达之而已。此似易而实最难，唯当慎之于始。

◎ 凡事不为则已，为之必用全力，乃克有成。

◎ 教育家无论多大能力，总不能把某种学问教通了学生，只能令受教的学生当着某种学问的趣味，或者学生对于某种学问原有趣味，教育家把他加深加厚。所以教育事业，从积极方面说，全在唤起趣味；从消极方面说，要十分注意不可以摧残趣味。

◎ 知育要教到人不惑，情育要教到人不忧，意育要教到人不惧。

◎ 养足你的根本智慧，体验出你的人格、人生观，保护好你的自由意志。

◎ 为学的首要，是救精神饥荒。

◎ 要磨炼意志，最好是择些细微事件来自己检束自己。

大师影响

◎ 惊心动魄，一字千金，人人笔下所无，却为人人意中所有，虽铁石人亦应感动。从古至今，文字之力之大，无过于此者矣。

——黄遵宪

◎ 梁启超一生最辉煌的时期是办《时务报》和《清议报》的几年。那时他同康有为力主维新变法。他写的《变法通议》在《时务报》上连载，立论锋利，条理分明，感情奔放，痛快淋漓。加上他的文章一反骈体、桐城、八股之弊，清新平易，传诵一时。他是当时最有号召力的政论家。

——毛泽东

◎ 平心而论，梁任公地位在当时确实不失为一个革命家的代表。他是生在中国的封建制度被资本主义冲破了的时候，他负戴着时代的使命，标榜自由思想而与封建的残垒作战。在他那新兴气锐的言论之前，差不多所有的旧思想、旧风气都好像狂风中的败叶，完全失掉了它的精彩。二十年前的青少年——换句话说，就是当时有产阶级的子弟——无论是赞成或反对，可以说没有一个没有受过他的思想或文字的洗礼的。他是资产阶级革命时代的有力的代言者，他的功绩实不在章太炎辈之下。

——郭沫若

◎ 过去半个世纪的知识分子，都受了他的影响。

——曹聚仁

大师影响

◎ 文体的改革，是梁启超最伟大的功绩，杂以俚语的新文体（报章体），才使得国民阅读的程度一日千里。

——吴其昌

◎ 任公先生为我国近代学术史上一位怪杰。弱冠知名，中年从事新闻事业与政治活动，晚岁专心著述与讲学。其天资之超卓，识解之锐敏，与夫笔锋之犀利，近代实罕有其匹。故一般后学，鲜有不受其影响者。

——任访秋

◎ 先生博闻强记，在笔写的讲稿之外，随时引证许多作品，大部分他都能背诵得出。有时候，他背诵到酣畅处，忽然记不起下文，他便用手指敲打他的秃头，敲几下之后，记忆力便又畅通，成本大套地背诵下去了。他敲头的时候，我们屏息以待，他记起来的时候，我们也跟着他欢喜。

——梁实秋

我读我思，闻道悟道

蔡元培

1868-1940

大师档案

蔡元培 浙江绍兴山阴县人,原籍浙江诸暨。字鹤卿,又字仲申、民友、孑民等。20世纪杰出的教育家、思想家、民主主义革命家。中华民国首任教育总长。先后任北京大学校长、中央研究院院长等职。蔡元培任北大校长期间,参照德国大学的理念,革新北大,开学术自由之风。

蔡元培数度留学德、法,研究领域包括哲学、文学、美学、心理学和文化史。蔡元培对中国现代教育产生了巨大的影响。如他提出的"五育",即主张军国民教育、实利主义教育、公民道德教育、世界观教育、美感教育并举,对提高学生和国民的素质起到了不可替代的作用。他的"美育"教育思想,不仅在大学,而且在中小学至今都具有很强的引领性和前瞻性。蔡元培任教育总长期间,无论是对封建教育制度的废除,还是对现代新式教育制度的建立,都作出了开创性的贡献。

大师风范

兼容并包蔡元培

蔡元培被誉为"民国教育之父"。

蔡元培的教育生涯事实上影响了中国历史的进程。"教育救国"在蔡元培身上得到了真正的体现。

1916年,时任中华民国大总统的黎元洪签署任命状,任命蔡元培为北京大学校长,从此,一个学府与一个人的名字紧紧地联系在了一起。时至今日,在北京大学师生的心中,蔡元培仍是他们的校长。蔡元培以他非凡的才华、高尚的人格和宽广的胸怀创造了中国教育史上的传奇。蒋梦麟称老师蔡元培为"大德垂后世,中国一完人"。毛泽东赞誉蔡元培:"学界泰斗,人世楷模。"

传奇何以创造?如果说是"思想自由"成就了北京大学的辉煌,那么则是"兼容并包"创造了蔡元培的传奇。"思想自由、兼容并包"是北京大学的核心理念,这一核心理念的精神支柱与动力之源则是蔡元培的生命品格与人格特质。

蔡元培接手北京大学之初,北大前身京师大学堂科举制之劣根十分顽固,师生都染有严重的官僚恶习。怎样才能扭转与改变旧学堂之不良风气?蔡元培的脑海中反复闪现的是"人才"二字。没有优秀的教师,哪有上进的学生?让真正的人才到北大任教，是办学的第一要务。蔡元培决心让一些真正有学问的人到北大任教，只要你有真学问，不在乎你的政治立场，不在乎你的资历，不在乎你的年龄，这"三个不在乎"的人才招聘原则具有革命性。蔡元培明知千难万险，但义无反顾。如蔡元培聘请陈独秀，那将会惹出什么样的非议，蔡元培不是不知道；但蔡元培认为，陈独秀创办《新青年》杂志在全国有很大的影响。陈独秀不但是新思想的代表人物，而且国学功底深厚。陈独秀16岁考上了秀才，在文字上有精深的造诣，正是北大急需的人才。蔡元培就天天去陈独秀在北京的住处拜访，有时蔡元培去得早，陈独秀还未起床，蔡元培就嘱咐茶房不要把他叫醒，自己便拿了个凳子坐在房门口等候。学界很多人议论，这是不是有点像刘备的"三顾茅庐"啊。陈独秀对由京师大学堂延续而来的北京大学很有看法，认为那里的风气很糟糕，所以他并不愿意到北大任教；但陈独秀还是被蔡元培天天登门的诚意打动了，最后终于答应了蔡元培的请求。1917年1月11日，蔡元培正式致函教育部，聘请陈独秀担任北京大学文科学长（相当于系主任或学院院长），连公函中所附的陈独秀的履历表都是蔡元培填写的。1月13日，教育总长范源濂就签发了"教育部令第3号'兹派陈独秀为北京大学文科学长。'此令"。蔡元培认为文科学长不但要积学深厚，富有热情，还要有革新的思想、勇于担当的精神，陈独秀正是"一员闯将，是影响最大，也是最能打开局面的人"。事实证明，蔡元培的判断没有错。北大文科在陈独秀的主持下，很快有了起色，包括胡适的加入，也是由于陈独秀的介绍。

蔡元培"兼容并包"的中国哲学思维使得一批人才在北大集聚，那是真正的"不拘一格降人才"。比如梁漱溟，仅为中学文凭，蔡元培在《东方杂志》上偶然读到梁漱溟的一篇文章《究元决疑论》，眼睛一亮，觉得文章写得很有见地。蔡元培聘请梁漱溟为哲学系讲师，专门讲授印度哲学。这是梁漱溟万万没有想到的，所以受到邀请后，梁漱溟并没有胆略就任，总推说自己不懂印度哲学，蔡元培则与梁漱溟推心置腹地说："你不是喜欢哲学吗？我自己也喜欢哲学，我们还有一些喜好哲学的朋友，我此番到北大，就想把这些朋友，乃至未知的朋友，都引来一起共同研究，彼此切磋，你怎可不来呢？你不是要当老师来教人，你当是来共同学习好了。"蔡元培诚恳的话语让梁漱溟如沐春风，终于答应了下来。走上北大讲台的青年梁漱溟终于成了一名大学者。

正是因为蔡元培打破常规，破除陈见，所以才使北大在短时间内就集聚了陈独秀、胡适、李大钊、钱玄同、梁漱溟、刘半农、鲁迅、周作人、马叙伦、马寅初、沈尹默、熊十力、陈垣、辜鸿铭等一批文科、法科的教授与导师。理科同样人才济济，当时国内第一个研究爱因斯坦相对论的物理学家夏元瑮被聘为理科学长。翁文灏、朱家骅、李四光、丁燮林、丁文江等一批著名学者、科学家齐聚北大。据1918年的统计，北京大学90名教授中，35岁以下的就有43人，占比达47.8%，最年轻的徐宝璜教授只有24岁，刘半农、胡适都不到30岁，陈独秀也只有39岁。这样的教授队伍新风扑面，活力四射，京师大学堂遗留的旧习气被一扫而光，这就是蔡元培在用人上的"兼容并包"。

北大一百多年来的学术自由之风也是由蔡元培"兼容并包"的种子而长成参天大树的。在蔡元培的倡导下，北大唯学术是求，学术观点对立完全没有关系，性格不同也没有关系。著名学者黄侃狷介狂傲，桀骜不驯，动辄骂人，号称"疯子"。1914年秋，蔡元培聘任黄侃来北大讲授《文学概论》，黄侃说自己之所以能站上北大讲台，完全是因为蔡元培。自由的学术氛围使得北大"为学问而学问的思想"蔚然成风。自由的思想与学术的精神对社会文化及社会风气都产生了重要的影响。所以林语堂认为，启发中国新文化的功劳，蔡元培比任何人都大。许德珩则认为五四运动的主力是北大，蔡元培是五四运动的精神之源。

北京大学兼容并包的开放风气让新北大与旧学堂明显区别开来，教育实现了民主与平等，学生可以随意地听课，连校外的人都可以到北大听课。毛泽东当年在北大图书馆当助理员，就经常听陈独秀、李大钊等教授开设的马克思主义课。让自由之风吹拂更盛的是北大于1920年首开大学教育男女同校之先河。1920年，英国哲学家罗素访问中国，称女生在北大的地位比在剑桥大学还要高，北大女生的那种活泼、那种敢于发问的自由精神，英国的女校长见了也一定会感到惊讶。

蔡元培的兼容并包也体现在对待传统与新学的关系上。有人批评蔡元培是在颠覆传统的孔教伦理，而新文化运动推行的白话文简直就不是文章，但蔡元培明确地表明自己的态度：文要不同，只要言之成理，持之有故，便可并存。蔡元培也不反对孔孟之道，对孔孟之道的坚定维护者辜鸿铭，蔡元培照样任用。蔡元培并没有因为任用了反孔孟之道的陈独秀而弃用遵从孔孟之道的辜鸿铭。这新旧两派的对立由于蔡元培而变为在对立中并行不悖，那个拖着长辫子的守旧者辜鸿铭，那个坚持旧文学的黄侃，他们骂胡适，骂钱玄同，但蔡元培坚决摒弃门户之见，而让他们各自自由地发挥，如此宽松、宽容的学术氛围，都是因为蔡元培宽厚的人格魅力。正如蔡元培本人所说，大学就是要"囊括大典，网罗众家"，"此大学之所以为大也"。

蔡元培提倡学生组织并参加社团，尽可能地为学生的身心自由与思想自由创造条件，以营造北大进德求学之优良风气。那时的北大，各种社团如雨后春笋般出现——体育会、音乐会、画展研究会、书法研究会，还有学生银行、平民学校、平民演讲团、《新潮》杂志等。北大学生的自主、自助、自能、自强的精神得以发扬光大。北大学生邓中夏、许德珩等发起成立"国民社"，蔡元培出席成立大会，并为《国民》创刊号写序。当《新潮》杂志受到政府责难并要查办时，蔡元培则坚决斗争，维护师生的言论自由。当然，蔡元培也允许像《国故》这样宣传旧学的杂志存在。蔡元培认为"大学兼容并包之宗旨，实为国学发展之资"。

兼容并包，真正能做到的又有几人？"兼容并包"犹如北大的指南针，有了它，北大始终走在正确的办学方向上；"兼容并包"又像北大的风向标，有了它，北大始终走在学术的最前沿；"兼容并包"更像北大的冲锋集结号，有了它，汇集天下英才的北大将会有取之不尽、用之不竭的巨大力量。

如果天下的文章都相同，那就无文章可读了；如果天下的人都相同，那也就无人才可用了。正因为有了蔡元培的兼容并包，才有了北大的繁荣学术，锦绣文章；才有了北大的人才多样，美美与共。兼容并包，是立于高处的宽广视野；兼容并包，是着于平地的非凡格局；兼容并包，是向着宽处的浩荡胸怀。在北大人的心中，蔡元培就是一位上善若水般没有任何瑕疵的圣人。你我虽不能至，但一定心向往之。

大师语录

◎ 囊括大典，网罗众家；思想自由，兼容并包。

◎ 教育者，非为已往，非为现在，而专为将来。

◎ 教育者，养成人格之事业也。使仅仅灌注知识、练习技能之作用，而不贯之以理想，则是机械之教育，非所以施于人类也。

◎ 知教育者，与其守成法，毋宁尚自然；与其求划一，毋宁展个性。

◎ 美育者，应用美学之理论于教育，以陶养感情为目的者也。

◎ 有健全之身体，始有健全之精神；若身体柔弱，则思想精神何由发达？或曰，非困苦其身体，则精神不能自由。然所谓困苦者，乃锻炼之谓，非使之柔弱以自苦也。

◎ 教育是帮助被教育的人，给他能发展自己的能力，完成他的人格，于人类文化上能尽一分子的责任；不是把被教育的人，造成一种特别器具，给抱有他种目的的人去应用的。

◎ 我们教书，并不是像注水入瓶一样，注满了就算完事。最要是引起学生读书的兴味。

大师影响

◎ 学界泰斗，人世楷模。

——毛泽东

◎ 从排满到抗日战争，先生之志在民族革命；从五四到人权同盟，先生之行在民主。

——周恩来

◎ 千百年后，先生的人格修养，还是人类向往的境界。

——罗家伦

◎ 谁也知道，那时北大是全国思想革命的大本营，而北大之所以能够如此，是在蔡先生长北大思想自由，兼容并包的政策。那时的北大前进者有胡适之、陈独秀、钱玄同、刘半农等，复古者有林琴南、辜鸿铭等，而全国思潮的潮流交错，就在北大自身反映出来。

——林语堂

◎ 今天的新中国必以新民主主义革命为其造端，而新民主主义革命则肇启于五四运动。但若没有当时的北京大学，就不会有五四运动出现，而若非蔡先生长校，亦即不可能有当时的北京大学。直截了当地说，一九二一年中国共产党的诞生，一九二四年孙中山先生改组中国国民党，国共第一次合作，都是从五四运动所开出的社会思想新潮流而来的。

——梁漱溟

大师影响

◎ 蔡元培是近代确合乎君子的标准的一个人。曾子说:"可以托六尺之孤,可以寄百里之命,临大节而不可夺也。君子人欤,君子人也。"儒,"粥粥若无能",但是"可亲而不可劫也,可近而不可迫也,可杀而不可辱也"。"身可危也,而志不可夺也"。这样的人,才是君子。孔子说:"君子可欺以其方,难枉以非其道。"蔡先生的人格,是儒家教育理想的最高的表现。

——冯友兰

◎ 蔡元培先生实在代表两种伟大文化:一曰,中国传统圣贤之修养;二曰,西欧自由博爱之理想。此两种文化,具其一难,兼备尤不可觐。先生殁后,此两种文化,在中国之气象已亡矣!

——傅斯年

我读我思,闻道悟道

胡 适

1891–1962

大师档案

胡适 安徽绩溪上庄村人。原名嗣穈,字希疆,学名洪骍,后改名适,字适之。

胡适5岁启蒙,在绩溪乡村受过9年私塾教育。后入上海梅溪学堂、澄衷学堂求学,受到梁启超、严复思想影响。1906年,考入中国公学。1910年,被录取为"庚子赔款"第二期赴美留学生。先后入康奈尔大学和哥伦比亚大学,师从哲学家杜威,并一生践行杜威的实用主义哲学。回国后任北京大学教授,加入《新青年》编辑部,撰文反对封建主义,宣传个性自由、民主和科学,积极提倡"文学改良"和白话文学,成为新文化运动的重要人物。

作为著名学者,胡适一生著述丰富,思想活跃,而为人极公平和宽容。他的研究领域涉及文学、史学、哲学、考据学、经学等多个方面,而且都有建树。作为著名的诗人,他的《尝试集》是中国第一部白话诗集;他的诗作《希望》被改为《兰花草》并配上曲调,广泛传唱,经久不衰。他的哲学著作《中国哲学史大纲》与哲学家冯友兰的《中国哲学史》齐名,具有广泛的学术影响。

胡适是"传统中国"向"现代中国"发展过程中一位继往开来的启蒙大师。

大师风范

容为智慧胡适之

胡适之,名适,适之只是胡适的字。只因当年陈寅恪出题"孙行者"要求对对子,有人对出个"胡适之",于是,叫他"胡适之"的便多了起来。名字虽然只是个符号,但名字往往有寓寄。胡适之"适",因达尔文适者生存之思想而来,无论是胡适的父辈祖辈,还是胡适本人,都希望用真本事适应社会。

胡适的一生,既有争议又没有争议。争议的只是思想与主张,没有争议的则是人格。比如他与陈独秀的关系,胡适是陈独秀招到北京大学来的,陈独秀后来走上了革命的道路,但胡适并不主张革命,与陈独秀在政治上分道扬镳,两人的文学主张也多有不同。谈到改良中国文学,陈独秀认为当以白话文为文学之正宗,其是非甚明,必不容反对者讨论之:"必以吾辈所主张为绝对之说,而不容他人之匡正也。"胡适则不认同,胡适看了陈独秀的《文学革命论》后给陈独秀写信:"此事之是非,非一朝一夕所能定,亦非一二人所能定,甚愿国中人士能平心静气与吾辈同力研究此问题。讨论既热,是非自明。吾辈已张革命之旗,虽不容退缩,然亦决不敢以吾辈所主张为必是而不容他人之匡正也。"胡适在文学革命这一点上与陈独秀一致,但陈独秀绝对化,胡适则以宽容之心对待文学改良的各种主张。政治主张与观点的争议是一种思想的自由,宽容与忍让则是一种人格上的大度,这就是胡适的特殊之处与过人之处。谈到胡适,有一种说法是:"他什么也没有完成,却开创了一切。"胡适研究政治,但不喜欢经济学,这成了其研究政治学的软肋,所以胡适友人唐德刚评论说:"胡适之先生对中国民主政治的发展,虽然生死以之,他始终没有搞出一套完整的政论来。不是他无此才华,而是他在社会科学上无此功力。"胡适是杜威的学生,他长期研究哲学,并完成了《中国哲学史大纲》。有人拿他的《中国哲学史大纲》与冯友兰的《中国哲学史》比,认为学术含量不如冯友兰的《中国哲学史》,但胡适并不介意,更无不服、生气之说。就算是20世纪五六十年代,大陆展开了对胡适铺天盖地的批判,批判他的人或是他当年的学生,或是共过事的朋友,胡适将这些批评文章一一认真拜读,并无半点怨气怒气……这"忍"的功力与"容"的智慧成了胡适的人格特质。了解了这些细节,就不难理解为什么说"他什么也没完成,却开创了一切"。"他什么也没完成"看似贬义,实则隐含着胡适的谦逊态度;"开创了一切",则说明胡适因其特有的生命品格而对学术、对社会产生了巨大影响力、强大辐射力、高度凝聚力。以胡适在台湾去世这件事为例,胡适虽然常常拒绝与蒋介石合作,但胡适猝然而逝,蒋介石除颁赠"智德兼隆"的匾额外,还亲自题写挽联:"新文化中旧道德的楷模,旧伦理中新思想的师表。"在公祭典礼当日,有30万人向胡适做最后的告别。达官显贵,文人雅士,布衣白丁,有的是认识的,有的是不认识的,都是自发地聚集在一起哀悼一位文化名人。如此宏大的出殡和路祭场面,谁可与之一比?这样的人格魅力绝非一朝一夕所能达到,这也让人想起当年共产党人李大钊被捕后，政见不同的胡适奔走呼吁，全力救助的情景。像胡适这样的为人处事态度怎不让人钦佩！胡适夫人江冬秀面对出殡的感人场面，忍不住向长子胡祖望长叹一声："祖望啊，做人做到你爸爸这样，不容易哟！"

总结胡适一生的得失，并非易事。说胡适的人生是苦的，亦不为过。胡适在《我的母亲》一文中回忆道："我母亲二十三岁做了寡妇，又是当家的后母。这种生活的痛苦，我的笨笔写不出一万分之一二。"过早失去了父亲，母亲生活的艰辛，让胡适从小就经历了生活的苦和学习的苦。1904年他在上海上学，为了不断地跳级，太过用功，睡眠不足，有一个学期，两只耳朵几乎全聋了。胡适做学问是苦的，"为了稽核一个事实或者厘清一个疑虑，我可以用上几个星期，甚至几个月的时间去做打破砂锅问到底的工作"。胡适晚年在美国的生活也是苦的。做过上海市市长的吴国桢说，胡适在美国活不了，一度靠演讲为生，但一篇讲稿要磨蹭好几个礼拜，投入产出比实在太低。胡适做过中国驻美大使，但没了大使身份后的胡适在美国需要自己做家务事，生活常常显出困难之处。说胡适的人生有"忍"的历练也不为过，有"容"的智慧更为合适。胡适认为，无容忍就不能实现真正的自由，这是他对自由的独到理解。特别是在新文学、新文化的种种纷争中，胡适始终保持理性、温和与包容的态度。

1925年，信奉儒家思想的章士钊与胡适一起照了一张合影。照片的背后章士钊写道："你姓胡，我姓章，你讲什么新文学，我开口还是我的老腔。你不攻来我不驳，双双并坐各有各的心肠。将来三五十年后，这个相片好作文学纪念看。哈哈，我写白话歪诗送把你，总算是老章投了降。"

胡适有意用文言相和："但开风气不为师，龚生此言吾最喜。同是曾开风气人，愿长相亲不相鄙。"最后一句为中心思想，长相亲，不相鄙，不管观念如何不同，思想如何冲突，但彼此完全可以宽容共存，给他人自由，自己才能得到自由。章士钊是儒士，胡适何曾反对过儒家？他倡导新文学但践行儒家思想则是最用心用力的。儒道佛三教合一是中国人的信仰，儒家是入世的，胡适认同知识分子肩负着革故鼎新的重任，特别是在国家生死存亡的民族大义面前，胡适做到了挺身而出。1938年，胡适接到被任命为驻美大使的电报，考虑了整整七天，他的内心是充满矛盾的。从政与做官虽不是胡适的选择，但责任与担当则是知识分子的本质。胡适答应了下来。就任美国大使该做些什么呢？那就是发挥自己的长处，用演讲为中国的抗日救亡呐喊呼吁，胡适不但行万里路，在美国各地做了不下上百次的演讲，还多次拜会他的校友——同样是哥伦比亚大学毕业的美国总统罗斯福。胡适以真挚的情感、诚恳的态度、充分的理据说服罗斯福总统支持中国的抗日战争事业。后来的历史史实传递出了一个重要的信息：是胡适影响了罗斯福总统，使其下决心与日本开战。这从1941年罗斯福给胡适的电话内容中也能看出一点原委。罗斯福在电话中说："胡适，我要第一个告诉你，日本人轰炸珍珠港了。"接下来的潜台词是什么呢？当然是美国必须与日本开战了。从这件事可以看出，你不能说胡适反对儒家的入世思想，社会责任、民族担当、积极入世等，胡适都做到了。当然，胡适身上也不无道家的无为与庄子的"逍遥"痕迹，他不争不抢，随遇而安。至于佛教的思想，一个"忍"字，一个"苦"字，一个"容"字，你不妨将这几个字看作佛教的要义。所以说在胡适身上，儒道佛三教不是互相排斥的，而是合为一体的，这也符合胡适的终极人格追求。按照规律，人往往要到晚年才能进入清明高远的境界，正如罗曼·罗兰小说中的主人公约翰·克利斯朵夫一样，但清明高远的境界似乎贯穿了胡适的一生。他总能在得失之间、舍得之间寻求到"中庸"，寻求到"恰当"，寻求到"道统"。不慕高官，不逐名利，去嫉妒心，存宽厚意，胡适宽容平和的人格特质是他在长期"建立自我，追求忘我"中不断完善的。

大师语录

◎ 志气要放在心里，要放在功夫上，千万不可放在嘴上，千万不可摆在脸上。

◎ 勤，就是不偷懒，不走捷径，要切切实实，辛辛苦苦的去做。要用眼睛的用眼睛，用手的用手，用脚的用脚。先生叫你找材料，你就到应该到的地方去找。叫你找标本，你就到田野，到树林里去找，无论在实验室里，自然界里，都不要偷懒，一点一滴的去做。

◎ 教育是给人戴一副有光的眼镜，能明白观察；不是给人穿一件锦绣的衣服，在人前夸耀。

◎ 若是没有骨子便在社会上站不住。有骨子就是有奋斗精神，认为是真理，虽死不畏，都要去说去做。

◎ 问题是知识学问的老祖宗；古往今来一切知识的产生与积聚，都是因为要解答问题——要解答实用上的困难和理论上的疑难。所谓"为知识而求知识"，其实也只是一种好奇心追求某种问题的解答，不过因为那种问题的性质不必是直接应用的，人们就觉得这是"无所为"的求知识了。

◎ 做学问要在不疑处有疑，待人要在有疑处不疑。

◎ 你要看一个国家的文明，只需考察三件事：第一看他们怎样待小孩子；第二看他们怎样待女人；第三看他们怎样利用闲暇的时间。

大师影响

◎ 我同适之先生，虽然学术辈分不同，社会地位悬殊，想来接触是不会太多的。但是，实际上却不然，我们见面的机会非常多。他那一间在子民堂前东屋里的狭窄简陋的校长办公室，我几乎是常客。作为系主任，我要向校长请示汇报工作，他主编报纸上的一个学术副刊，我又是撰稿者，所以免不了也常谈学术问题，最难能可贵的是他待人亲切和蔼，见什么人都是笑容满面，对教授是这样，对职员是这样，对学生是这样，对工友也是这样，从来没见他摆当时颇为流行的名人架子、教授架子。此外，在教授会上，在北大文科研究所的导师会上，在北京图书馆的评议会上，我们也时常有见面的机会。我作为一个年轻的后辈，在他面前，决没有什么局促之感，经常如坐春风中。

——季羡林

◎ 胡适之先生的了不起之处，便是他原是我国新文化运动的开山宗师，但是经过五十年之考验，他既未流于偏激，亦未落伍。始终一贯地保持了他那不偏不倚的中流砥柱的地位。开风气之先，据杏坛之首；实事求是，表率群伦，把我们古老的文明，导向现代化之路。熟读近百年中国文化史，群贤互比，我还是觉得胡老师是当代第一人！

——唐德刚

◎ 胡适先生功劳很大，提倡语体文，促进新文化运动，这是他的功劳。他的才能是擅长写文章，讲演浅而明，对社会很有启发性。

——梁漱溟

大师影响

◎ 跟适之先生谈，我确是如对神明。较具体地说，是像写东西的时候停下来望着窗外一片空白的天，只想较近真实。

——张爱玲

◎ 我对胡适的喜欢就是基于一种内心的认同，他对生活的态度，他对社会的态度，他对自身的定位，都为我们树立了一种可以躬行实践的、可以参照的生活方式。他乐观而不盲目，从来不盲从任何一种主张、意见、思潮、主义。他对生活、对社会始终有强烈的责任感，并以一个知识分子的角色面对社会，独立思考，独立发言，最大限度地坚持了道义的底线。他身体力行，恪守基本的文明准则，在他身上我们能感受到一种坚定的水滴石穿的信念。但他从不张扬，他对高调的口号有着几乎是与生俱来的警惕，无论做人还是做学问，他都脚踏实地，而不是天马行空。

——傅国涌

我读我思，闻道悟道

马相伯

1840–1939

大师档案

马相伯 江苏丹阳人。原名马志德,圣名若瑟,又名钦善、建常,字相伯。中国著名教育家。他是复旦大学、向明中学等学校的创始人兼首任校长,也是著名的爱国人士。著名教育家蔡元培、著名书法家于右任、中国近代著名民主人士邵力子,还有黄炎培、李叔同、陈寅恪等都是他的学生。

马相伯5岁入私塾,12岁到上海。他天资聪颖,在上海徐汇公学就读期间,同时学习法文、拉丁文、希腊文等多种语言,学习哲学、神学、数学、物理、天文学等多种学科,且成绩全优。1870年,马相伯获神学博士,同年任徐汇公学校长,讲授经史子集,并继续研究哲学、数理及天文,有译著《数理大全》问世。马相伯的弟弟马建忠为著名外交家、语法学家,是《马氏文通》的作者,也是中国语法学的开创者。

马相伯曾先后去过日本、朝鲜、美国、法国、意大利考察。日本因明治维新而进步,朝鲜因守旧而落后,这对马相伯有很大的刺激。他认识到只有科学与实业才是强国之道,于是不断上书,献计献策。马相伯从耶稣会还俗,从事外交与洋务活动是为了强国,但他的一腔热情并不能得到朝廷的回应。1899年,马相伯辞官回到上海,一方面支持弟弟马建忠著《马氏文通》,另一方面决定毁家兴学。他捐出自己的全部家产,即松江、青浦的三千亩田产,开办学校,并立下"兴学字据"。

马相伯毁家兴学的精神令后人敬仰。事实上,马相伯当年创办的许多学校都为中国的现代教育奠定了坚实的基础,包括管理、课程设置及教育方法的改革。享誉世界的复旦大学,它的前身就是马相伯创办的复旦公学。

马相伯的一生大致可分三个阶段:最初20多年潜心宗教的学习与修炼,中间二三十年有意通过从政为国家效力,最后50年竭尽全力为唤醒国人办教育。

马相伯真正做到了为国家为教育,贡献出自己的一生。

大师风范

唤醒国人马相伯

马相伯，一位博学的知识达人——精通八门外语（包括拉丁文）；一座明亮的教育灯塔（创办了包括复旦大学在内的多所学校）；一位爱国的执着老人（以90高龄为抗日演讲）；一个远去的文化背影（从清末到民初）。遥想当年，那是动荡混乱的中国，那是风雨飘摇的中国，那是一步一步沦为殖民地半殖民地社会的中国。马相伯倾其知识教学，倾其家产兴学，竭尽全力护国……为了教育，为了民族，为了国家，马相伯毫无保留地贡献出了自己的一切，他用他的一生做到了一件事——用教育唤醒国人。

让时光倒流吧，1840年4月7日，马相伯出生于一个天主教世家。马相伯本名马建常（他弟弟马建忠是著名语法学家），相伯是他的字，后来大家习惯称他马相伯。

马相伯从小就显示出机敏聪慧和不同凡响。12岁那年他带着悄悄积攒下来的钱离开家乡江苏丹阳，独自步行11天，来到了大上海，进入法国天主教会开办的徐汇公学读书。语言、数学、天文……在学校开设的所有科目上，少年马相伯都表现出过人的才华。他精通八国文字，包括最难的、很少有人涉猎的拉丁文。少年马相伯还擅长演讲，具有雄辩之才与表演能力。他14

岁就在学校担任助教，17岁已成长为出类拔萃的人才。1870年，31岁的马相伯以特优成绩获神学博士学位，同年被聘为徐汇公学的校长。

在马相伯传奇的一生中，有种种波折，也有不少美丽的佳话。在蔡元培任南洋公学特班总教习的那段时间，蔡元培找到马相伯，希望能跟马相伯学习拉丁文，马相伯对蔡元培说，你已过中年，一个人学了也没有用，不如找一些年轻人一起学。后来，蔡元培招来了24个年轻人做马相伯的学生，先教授拉丁文，后又扩大到数学和哲学。这些学生中的很多人都成了中国的杰出人才，有些还名声赫赫，如黄炎培、李叔同、胡敦复（清华学堂首任教务长）、邵力子……

这个小小的学习班，使马相伯名声远扬，全国各地的学子纷纷前来求学，这就是马相伯倾其知识教学所产生的效应。多才的马相伯以博学赢得声誉，让很多青年人钦佩。恰在马相伯的教学吸引越来越多的青年人之时，南洋公学（上海交通大学前身）闹起了学潮，100多名学生集体退学，他们无学可上但又都想得到马相伯的亲授，于是，办一所学校便水到渠成。1903年，震旦学院成立，马相伯自任监院（即院长），"震旦"为中国的古称，源自梵文，又有日出东方之意。马相伯凭什么能办一所学校呢？这与马相伯的人生境遇不无关系。前面所述马相伯凭才华取得徐汇公学校长职位，但不久马相伯的弟弟马建忠和一个外国神父闹矛盾，马相伯兄弟俩便都离开了教会学校。那是1876年，当时已经30多岁的马相伯离开学校后，走上了从政的道路。从政十年，马相伯并不如意，还无端地背上了一些骂名。马相伯在政治上一事无成，心灰意冷，决定重返教会，以兴学为己任。这就有了那时的惊世骇俗之举——马相伯将自己在松江、青浦等地的田产计三千亩全部捐献了出来。这一倾其全部家产办学兴学的举动，让社会为之震动，有人并不相信，有人说马相伯肯定要反悔。这么多的资产全部捐出，这在大多数人的眼中是一件不可思议的事。马相伯为了表示坚定的决心，特立下字据，并在字据上补写八个字"自献之后，永不反悔"。马相伯认为这是他晚年完成办学兴学愿望的破釜沉舟之举。

马相伯以非凡的洞察力察觉世界科学教育的大势，在办学上制订了三条规则：崇尚科学，注重文艺，不谈教理。在长期的科举制度下，中国的教育缺少的是科学和艺术。马相伯特别重视近代科学，他认为革命救国之准备，必须重视研究近代科学；马相伯改革教学方式，从注重教师的教转变为注重学生的学，重点是发展学生独立思考的能力和较强的语言表达能力。马相伯认为：语言好了，包括掌握一门或几门外语，科学教育好了，艺术教育重视了，革命救国才会有良好的条件。这样的教育思想、教育理念具有很强的前瞻性。现在常常有人提到"钱学森之问"，即为什么我们的学校总是培养不出杰出的人才。其实马相伯在开始办震旦学院时，所强调的就是启发学生，提高学生独立研究问题的能力。民国时期及后来一大批科学家对中国的科学事业所作出的杰出贡献，都不能不追溯到近代教育家马相伯坚持教育革新的贡献。

马相伯办学始终以培养人才为己任，只要愿学习，只要是好苗子，马相伯必全力给予最好的教育与帮助，他对学生的好，让后来成为国家栋梁的于右任特别感慨。1904年，于右任因作诗讽刺慈禧太后遭到通缉。他逃到上海后走投无路，马相伯把他收在自己的门下，免除学杂费及其他相关费用，并为于右任专门起了一个化名"刘学裕"，让他入读震旦。马相伯对于右任语重心长地说:"不以空言抒愤,救国必先科学。"成名后的于右任(于右任也是大书法家)专门撰联:"生我者父母,育我者先生。"

马相伯在震旦的办学思想与教学内容与教会产生了冲突,震旦在教会的名下办学,教会欲夺取震旦的控制权。但震旦的管理方式是学生自治,学生推荐沈步洲为会议主席,并由学生自治组织形成了一个决议,由学生投票自愿决定自己的去留,结果全校132名学生中有130名签名要求退学。这就是马相伯的魅力,马相伯无法做下去了,学生也不愿再读了。退学的学生推荐邵力子、于右任等七名学生代表找到马相伯,表明了这样的态度:我们虽然退学了,但我们要上学。这让马相伯感动得泪流满面。于是,马相伯立刻决定另办新的学校,满足学生学习的需求。1905年9月,经过马相伯、严复和退学学生领袖叶仲裕、于右任等人数月的努力,复旦公学在上海吴淞成立。"复旦"一词,取自《尚书大传》中虞舜传位给夏禹时所唱的卿云歌,"日月光华,旦复旦兮",意思是"明天太阳照常升起"。"复旦"有两个寓意:一是新学校要像朝阳一样;二是希望光复震旦。马相伯作为复旦公学的校长,管理上实行学生自治制度;教学和专业上,倡导"学术自由,思想独立"。此时,马相伯已经捐出了自己的全部财产。66岁的马相伯办学兴学的爱国之举,终于得到了大家的认可。在以后的漫长岁月里,马相伯参与了辅仁大学的筹建;应蔡元培之邀,担任过北大的临时校长。马相伯一生与教育结缘,他把自己全部的爱都献给了中华民族的教育事业。

晚年的马相伯,竭尽全力参与抗日救亡。1932年11月,马相伯已93岁高龄,他连续发表国难广播演说,呼吁坚决抗击日本侵略者,出任支援东北抗日义勇军协会领袖,担任上海各界救国会领袖，出版了《马相伯先生国难言论集》。

1937年底上海弃守后，马相伯随家人撤退到广西桂林。1938年底，桂林也成前线，在继续撤退的路途中，进入越南，到达谅山，那时老人已十分虚弱，只得原地休养。因为马相伯曾表示至死也不离开中国，身处越南，家人还是瞒着老人的。

1939年4月，第150期《良友》杂志的封面人物就是马相伯，当时适逢老人百岁大寿，而那时《良友》杂志多以抗日名将为封面人物，如李宗仁、白崇禧、朱德等。教育家马相伯能上《良友》封面，是因为他的抗日功绩——他虽然没有在前线冲杀，但他的影响力，他对抗日将士和民众的鼓舞都是巨大的。马相伯百岁当日，全国许多重要城市都以各种方式为老人祝寿。在陪都重庆，国民政府还为马相伯举办了一场盛大的生日宴会，此时虽然马相伯身处越南谅山，但宴会现场气氛热烈，国民政府隆重地颁发了褒奖令，称马相伯为"爱国老人"。中共中央从延安发出贺电，称马相伯为"国家之光，人类之瑞"。

马相伯漫长的一生跨越帝制和民国两个时代，他的人生也和中国的近现代历史一样波澜壮阔，马相伯留给后人的是一笔巨大的精神财富——倾其所学用知识培养人才，倾其所有散尽家财办学兴学，倾其全力参与抗日救亡。马相伯曾对他最疼爱的孙女马玉章说："爷爷没有给你留下一分钱，连你自己的钱也没有留给你（指1914年马玉章的父亲马君远病逝后，当时马玉章只有6个月大，马相伯的学生于右任、邵力子等筹措了一万元作为小玉章日后的生活教育费用，但马相伯把这笔钱也捐了出去，创办了启明女校）。"当然，马相伯的亲友、学生送给他的祝寿礼金，他也悉数捐出，用于慰问抗战的伤兵与老人。

马相伯在1918年就发表了《民国民照心镜》，目的在于唤醒国人的主人公意识。天下兴亡，匹夫有责；天下兴亡，我的责任。后来马相伯用一生的行动证明，他始终为了唤醒国人的主人公意识和责任担当意识而努力。所以马相伯说："我是一条狗，只会叫，叫了一百年，还没有把中国叫醒。"晚年的马相伯遗憾地认为没能实现"叫醒国人"的愿望，但从长远看，马相伯"叫醒国人"的努力正一步步地走向实现。今天的中国，比以往任何时候都更加接近"国人已被叫醒"，中华民族已从羸弱走向强盛。马相伯老人有知，当含笑于九泉。

大师语录

◎ 所谓大学者，非校舍之大之谓，非学生年龄之大之谓，亦非教员薪水之大之谓，系道德高尚，学问渊深之谓也。

◎ 故不志则已，既志焉朝秦暮楚，非人矣！

◎ 但余既不为名，又不为利，而琐碎记之者，盖时势空隙来风莫测，以免累后人！

◎ 教育者，国民之基础也。书籍者，教育之所借以转移者也。是以数千年之国髓，传于经史。五洲各国进化之程度，佥视新书出版之多寡以为衡。今者科举废，学校兴，著译之业盛行，群起以赴教育之的。

◎ 公德，应从报恩始。孝之为义，报恩也，忠于社会，亦报恩也。不损人，不害人，权利不侵，义务必尽。

◎ 人皆知问学之要，在尊德性。德性之尊，在情感之正。而人为有情之品，有德性之情，血性之情。以血性之情操纵德性之情，则情不正，必反之而后得其正焉。

◎ 人为万物之灵，灵在心之官能思而已。思故有知识，而辨善恶。辨善恶者，良心所有事也。

◎ 我是一只狗，只会叫，叫了一百年，还没有把中国叫醒。

大师语录

◎ 中国人有一个最大的毛病，就是不肯努力，说白些，就是好吃懒做。从这一种心理发展下去，便是亡国亡种的心理。大家都是各顾其私，只要自己过得衣食饱暖，什么国家社会，什么公共福利，皆一概不管。就是对于国家现状抱着忧虑，表示不满的，也只是在那里嗟叹或希望"天生圣人"来替他们打江山。

◎ 本公学之设，不别官私，不分省界。要旨乃于南北适中之地，设一完全学校，俾吾国有志之士，得以研究泰西高尚诸学术，由浅入深，行远自迩，内之以修立国民之资格，外之以栽成有用之人才。《诗》曰："高山仰止，景行行止。虽不能至，心向往之。"宗旨正鹄，固如是已。

◎ 无法律，非国家，而法律之要，一在保障通国身命财产，二在通国上下一体奉行。

◎ 耻莫大于亡国，战虽死亦犹生。

大师影响

◎ 光荣归上帝，生死护中华。

——于右任

◎ 相伯先生的精神，正是我们中华民族的精神。相伯先生所以能享大年，中国所以永久存在于世界，都在此。

——邵力子

◎ 一老南天身是史。

——柳亚子

◎ 他今年九十八岁了，虽然耳朵和眼力都比以前差一些，但是精神仍然很好，还是谈笑风生，无时无刻不以抗日为念。据他的孙女儿告诉我们，他天天嚷着要看报，看到华北我军打胜仗（那时沪战还未发生），他的身体就特别好些，看到我方军事失利，他就生起病来，他的健康简直和抗战的胜利成了正比例。

——邹韬奋

◎ 国家之光，人类之瑞。

——中共中央贺电

我读我思,闻道悟道

张伯苓

1876–1951

大师档案

张伯苓 天津人。原名寿春，字伯苓。出生于天津一个秀才家庭。幼年家道中落，学习时续时断。1891年以优异成绩考入天津北洋水师学堂学习航海，主要学习驾驶，学制四年。他学业优秀，每次考试都名列前茅。学得航海驾驶专业但无舰船可开，张伯苓完成学业在家闲居一年后，终于能随海军和清廷大员去山东办理中国、日本、英国港口领地接收转让手续。现场目睹丧权辱国场面，张伯苓义愤填膺，认为在军中报国无望，决然退役，回天津执教于家馆。

1903年，张伯苓航海东渡，看到日本明治维新后的盛况，领略了日本对教育的重视及其办学规模和教育方法，深受启发。

1917年，张伯苓赴美国哥伦比亚大学研究教育，并遍游美国，主要是考察美国私立大学的组织和实验方式。张伯苓获得上海圣约翰大学、美国哥伦比亚大学名誉博士学位，与胡适、陶行知一样，也师从著名哲学家杜威。作为著名的职业教育家，张伯苓先后创办了南开中学、南开大学、南开女子中学、南开小学、南渝中学（重庆南开中学），这些学校并称"南开系列学校"，成为民国时期中国私立学校的典范。张伯苓还是西南联大的创始人之一。几所大学合并而成的西南联大由梅贻琦、张伯苓和蒋梦麟三人共同负责。张伯苓任南开大学校长时，积极倡导西方戏剧，剧社成为南开大学校园文化的一个特色，周恩来就是戏剧活动的积极参与者。张伯苓也是奥运会在东方的最早促进者，被誉为"中国奥运第一人"。

张伯苓的核心办学理念是"允公允能，日新月异"，它作为南开大学的校训，沿用至今。

大师风范

允公允能张伯苓

"允公允能"是南开大学的办学理念，它与"日新月异"共同形成了南开大学的校训。其实，南开大学创办人张伯苓的一生就是"允公允能"的一生。"公"是社会的，"能"指个人的。一个人总是要想着社会，每个人都要走进社会，服务社会，贡献社会。怎样才能服务社会贡献社会呢？那就得有本领，有才干，有能力。反过来说，如果你心中没有社会，没有为社会做贡献的价值选择，不能摆正个人与社会之间的关系，那么，你的本事再大，也没有任何意义，甚至还有可能对社会造成危害。南开大学创办之初，张伯苓提出并倡导的校训，是他作为校长后的真切感悟。

张伯苓虽然是中国现代教育的奠基人，但他并不是专门学教育的。张伯苓以"最优等第一"的成绩毕业的学校叫北洋水师学堂，那一年张伯苓19岁。张伯苓是满怀报国之情发愤攻读航海专业的，即毕业后要当海军，但那时正值甲午战争中国战败，张伯苓无战船驾驶，只好赋闲在家。一年以后，终于有了上船的机会，除学习驾驶技术，还能练习枪炮鱼雷的射击，张伯苓的聪明肯干与刻苦练习使他在短时间内就出类拔萃。

能力出众的张伯苓从事专业技术工作顺理成章，他怎么会选择教育之路呢？这与张伯苓的一次"受降经历"分不开。甲午战争后，根据英国政府强迫清政府签订的一份协议，占据威海卫的日军撤出并由清政府接收，之后再由清政府转移给英国。张伯苓所在的通济舰负责护送清廷大员前往。交接仪式开始了，先降日本太阳旗，挂起清朝的龙旗，然后再拱手将港口让给英国人，在降龙旗时升起英国米字旗。一方面，张伯苓眼睁睁地看到中国主权丧失的屈辱；另一方面，则看到清朝兵勇的羸弱。士兵个个面黄肌瘦，精神萎靡，有的士兵竟然一面手拿大刀，一面怀揣烟枪。降旗的清兵更是蓬头垢面，无精打采，连走路都是慢吞吞的。而英军士兵身材魁梧，穿戴严整，列队行进步调一致，升旗的时候，英军个个神采飞扬。此时此刻，张伯苓的胸中升腾起了强烈的愤怒和种种的无奈。他怒英国侵略者的趾高气扬，无奈于中国的积贫积弱。于是，张伯苓暗暗下定决心：要在现代世界中求生存，必须有强健的国民。欲培养健全的国民，必须创办新式学校，造就一代新人。自此张伯苓决心用教育救国并献身教育事业。不久，张伯苓愤然离开海军，回到天津，踏上了他一生钟爱的教育之路。

  做教育是"公"，如何开启"允公"的教育之门呢？那还是得益于张伯苓的"能"。回到天津后的张伯苓开始在清朝学部左侍郎严修（统管全国学务的官员）家里教书。严修出身于天津盐商世家，因横贯商学两界，与南通张謇并称"南张北严"。张伯苓虽然只在严修家中教书，但他讲授的都是数学、理化和英语。在一百多年前，在私塾里教数理化简直就是新闻，张伯苓不但教学内容让学生耳目一新，教学方法也是灵活多样，十分符合培养学生创新思维和综合能力的现代教育思想，取得了明显的教育效果，学生也非常喜欢听张伯苓老师讲课。 1901年，号称"天津商业八大家"之一的王奎章羡慕严馆（私塾）有张伯苓这样的好老师，于是也礼聘张伯苓教授自家私塾。张伯苓在严馆和王馆轮流教学，他的教学方法之先进渐渐传出，声名也越来越响。张伯苓在教学的同时，开始酝酿办一所真正意义上的现代学堂。张伯苓与严修一拍即合，这也是张伯苓能成就教育事业的一个机缘。为办新学，张伯苓和严修一起东渡日本考察，购买仪器、教科书，还请来了日本教师。回国途中两人就商定，先办一所中学，取得经验，再图发展。在严、王两家的资助下，首批学生录取了梅贻琦、张彭春、喻传鉴等73人，于1904年10月16日正式开学，附设师范班，校名初为"私立中学堂"，后几经更名，最后确定为"南开中学堂"，"南开"之名由此确立。

张伯苓以前瞻的眼光和精心的设计，建立起南开学校完整的课程体系，其中传统课程包括国文、儒家经典、道德修养、中国历史和中国地理。西学课程有西洋历史、西洋地理、算学、自然科学、物理、体育与英语。张伯苓更以严格的管理著称。南开有不少富家子弟，但学校是禁止学生吸烟的，每次假期回校的训育课，学校都要检查学生手指是否熏黄和口袋里是否有烟味。有一次一个学生质问张伯苓："您叫我不抽烟，您干吗还抽烟？"张伯苓一时无语，当即把烟杆撅断，说："我不抽，你也别抽！"张伯苓回到校长室把香烟掐断扔进了痰盂，从此再也没有抽过烟。在南开，学知识，学做人，两者并举。张伯苓提出："以德育为万事之本。"南开教育的前瞻性、学生能力的综合性和素质的全面性，使得南开声名鹊起，社会名流纷纷把孩子送进南开接受教育，如梁启超、冯玉祥、段祺瑞、袁世凯、黄兴、胡适、叶圣陶、张自忠、邹韬奋、陶行知……也有一些东南亚的华侨慕名把子女送到南开来。

后人研究张伯苓办学成功之道的各种观点都有其道理，而张伯苓对自己有过这样的评价："我没有特殊的才干，我也没有学得什么特别方面的高深技能。我一生努力所得的一点成就，完全由于一个简单的事实，就是我对于教育具有信心和兴趣。"这当然是一种比较谦虚的委婉表达。另一个事实是：正如前文所说，张伯苓在那个时代，20岁出头就学习了航海专业，有了自己的一技之长。张伯苓才能非常出众，他教书方法独特，水平很高，那"信心和兴趣"的含义则离不开他强烈的忧国爱国强国的情怀，最后这一点恐怕才是最本质的东西。很多"简单的事实"都告诉我们，爱国情怀作为成就人生、成功事业的动力之源是如此强大与不竭。如被誉为"万能科学家"的著名物理学家钱伟长的口头禅就是"国家的需要就是我的专业"，他本来是擅长文科的，但科学救国的思想让他的物理学成绩迅速跃升。诺贝尔物理学奖获得者杨振宁则说自己的研究动力就是要把"中国人不如外国人的心理纠正过来"。当代电力集成专家、电磁弹射技术核心人物、中国年轻的工程院院士马伟明则豪气地说："我们就是做给那些看不起中国的外国人看的。我们说领先，领先就要领先美国……"这实际上就是张伯苓的"公"字在起作用。"公能教育"，最简单的四个字，教育的根本全包含其中了。这样的教育理念是张伯苓人生历练的一种顿悟，复杂的教育问题凝练成了易简的教育思想。

　　南开中学的名声日隆，张伯苓成为中国教育界冉冉升起的一颗明星，清华学校代理总办颜惠庆聘请张伯苓兼任清华学校的教务长，实际上就是让张伯苓总揽清华学校校务。同年，天津有两所中学堂办得十分糟糕，官方下令将之并入南开，同时每年由政府拨白银3600两，教育经费问题得到了较好的解决，这又使亲历清华学堂美式教育的张伯苓增强了信心。张伯苓开始谋划南开更大的发展。

办大学有别于办中学。为了不打无准备之仗,张伯苓辞去了南开中学校长职务,专门进入美国哥伦比亚大学师范学院学习。张伯苓的老师之一就是大名鼎鼎的杜威教授。张伯苓专修、选修了近代教育史、教育哲学、心理学、教育行政学等课程。课余时间,张伯苓先后到50多所美国的中小学考察,特别注重考察美国办得好的私立大学(因为那时的中国除了教会和政府办的大学外,几乎没有像样的私立大学)。在回国途中,张伯苓路过日本,周恩来前来探望老师(周恩来曾在南开中学就读,而且受到张伯苓的特别关照),张伯苓对周恩来说:"你以后可以回天津上南开自己办的大学。" 1919年5月,南开大学的主建筑动工,当年的9月25日便正式开学。张伯苓雷厉风行,果断行事,其魄力与执行力令周围的人十分叹服。当年建校,当年招生,当年开学,一出手便昭示了南开的生机勃勃与不同凡响。南开大学第一批共招96人,周恩来经张伯苓特许,免试进入文科班,学号为62。尚未待第一届学生毕业,南开已名满天下了,胡适感慨地说:"我自己的弟子都叫他们上南开去了。"

与办南开中学一样,张伯苓在南开大学的课程设计上注重科学与实用,注重培养学生的能力与创造精神,如南开大学开设了应用化学专业,并专门设立了应用化学系,为我国的化工业培养了急需的人才,对我国化工业的发展起到了很大的促进作用。当然,天津作为我国的化工业基地,南开大学的许多研究成果都直接提供给了企业,那时全国常有工厂到南开大学求助,以求得化工技术的支持,从这个意义上看,张伯苓也开了我国职业教育产教合一的先河。

南开中学、南开大学的成功，又先后促成了南开女子中学（1923年）、南开实验小学（1928年）的开办。至1937年，南开已形成了从小学到大学的完整体系，张伯苓也从一个水师学堂的优秀青年转变为一位中国现代教育的开路者与探索者。张伯苓在其教育生涯中，还创造了很多的"第一"。张伯苓重视戏剧教育。如果说蔡元培的美育主要在思想，那么张伯苓的美育则以戏剧教育的实践为抓手。再如环境教育，张伯苓是最早将校园环境上升到文化层面去推广的实践者。张伯苓还是中国奥林匹克运动的倡导者与先驱，他也是最早促成中国运动员参加奥林匹克运动会的人。当然，这些都与张伯苓重视南开的体育教育分不开。

1949年中华人民共和国成立，张伯苓并没有去台湾，而是在周恩来的安排下留在了大陆。1951年张伯苓患病去世，享年75岁，家人从他的衣襟里发现七元钱和两张旧戏票。张伯苓的一生，有一点与他的学生周恩来很相似："大有大无"——有的是百姓的口碑，无的是万千家财。

大师语录

◎ 本着匹夫有责之意，要救国，救法是教育。救国须改造中国，改造中国先改造人。这是总方针。方法与组织，可以随时变更，方针是不变的。

◎ 我只是说，如果公，如果诚，事就能成功。我的成就太小太小，你们的成就一定比我的大得多。成就的要诀，我告诉你，先把你自己打倒。

◎ 要批评，等作出些事来了再批评，要批评，先批评自己。最要紧的批评是批评自己。

◎ 本校教育宗旨，系造就学生将来能通力合作、互相扶持，成为活泼勤奋、自治治人之一般人才。

◎ 知己有过，即须立改，不可稍延。学校对于犯过之学生，犹医生之于病者耳，非如警察之于盗贼也。

◎ 德智体三育之中，我中国人所最缺者为体育。

◎ 故欲强中国，非打破保守，改持进取不可也！

◎ 欲强中国责任谁归？曰端赖一班新少年。然则少年自处应如何乎？曰尽心为学，以备将来之用。

大师语录

◎ 中国教育之两大需要：一为发达学生之自创心，一为强学生之遵从纪律心。

◎ 故吾敢语诸生，凡事不在成功，不在失败，只视其如何竞争。今吾辈既生此时艰，万勿轻视自身，须记汝"责任大""机会好"，志向一定，前途正远。

◎ 发起是如此发起，目的是要救国。方法是以教育来改造中国。改造什么？改造他的道德，改造他的知识，改造他的体魄。

◎ 西人有言：为赢易，为输难。输非难也，输而能不自馁，不尤人斯难耳。凡成事者，中途必受折磨，须胜过此种阻力，不因失败而灰心，而后始有成功之一日。此种精神，为中国少年人所最要者，妆等共勉之。

◎ 盖少年之中具有自治之力，而不为外魔所移者实鲜。类多自治之力薄弱，染于苍则苍，染于黄则黄。与善人相处，则不失为君子；与恶人相处，则流而入于小人。

◎ 是故诚之一字，为一切道德事业之本源，吾人前途进取应一以是为标准。

大师影响

◎ 张校长在他的一生中是进步的、爱国的,他办教育是有成绩的,有功于人民的。

——周恩来

◎ 张伯苓是位教育家,他宁可做校长,不当部长。

——温家宝

◎ 他(张伯苓)没有自己的私心,没有自己的私利,这是他受尊敬非常重要的一个原因。

——张元龙

◎ 知道有个中国的,
便知道有个南开。
这不是吹,也不是嗙,
真的,天下谁人不知,
南开有个张校长?!

不是胡吹,不是乱讲,
一提起我们的张校长,
就仿佛提到华盛顿,
或莎士比亚那个样。
虽然他并不稀罕做几任总统,
或写几部剧教人鼓掌。
可是他会把成千上万的小淘气儿,

大师影响

用人格的熏陶，
与身心的教养，
造成华盛顿或不朽的写家，
把古老的中华，
变得比英美还更棒！

——老舍、曹禺

◎ 伟大的教育家应当造福于社会，并以自己的言行丰富着自己祖国的文化，其遗产也必为国人所尊崇和传承，张伯苓正是这样的人，他给后人留下了不可磨灭的印象。他的业绩在社会上、在人们的生活中一直被传诵着。特别是他创办的南开大学，为海内外所称道，堪称一流学府。

——南开大学

我读我思，闻道悟道

梅贻琦

1889–1962

大师档案

梅贻琦 祖籍江苏武进,出生于天津。

梅贻琦的父亲虽然考中秀才,但只是在食盐店铺做职员,一度失业,家境每况愈下。梅贻琦是南开中学的第一期学生,继而入保定高等学堂。1909年,梅贻琦参加首批"庚子赔款"留美学生考试,在630名考生中以第六名的成绩被录取,成为首批47名赴美留学生中的一员。在美国伍斯特理工学院学习期间,梅贻琦攻读电机专业,并获电机工程学士学位。

1931年至1948年,梅贻琦任清华大学校长。任职期间,他多次阐述"师资为大学第一要素",积极延聘国内国际著名学者来校执教,一时间清华大学大师云集。1937年抗战期间,清华、北大、南开三校合并为西南联合大学,梅贻琦任校务委员会主席。西南联大的管理工作实际由梅贻琦主持。抗战胜利后,梅贻琦回到北京筹备复校,并继续任清华大学校长。

梅贻琦熟读史书,热爱科学,他担任过国民政府教育部部长,是中央研究院的院士,但他对中国教育产生影响还是因为担任清华大学校长。他任清华大学校长17年,在风雨飘摇的年代,把清华大学带入了辉煌,在校师生最多时有2400多人。他奠定了清华的校格:

"所谓大学者,非谓有大楼之谓也,有大师之谓也。"

这句经典教育名言影响至今。他与叶企孙、潘光旦、陈寅恪一起被列为清华百年历史上的四大哲人。

《大学一解》是梅贻琦的代表作,体现了他完整的教育思想体系。

大师风范

大师之谓梅贻琦

中国的大学教育虽然成绩斐然，但办一流大学和高品质大学的各种障碍依然存在。管理官僚化，结构不合理，教育质量下降等问题依然不同程度地存在。此时此刻，不得不让人想起当年的清华大学校长梅贻琦的名言："所谓大学者，非谓有大楼之谓也，有大师之谓也。"这真是切中肯綮的警世之语。越过世纪风云，中国的大学教育蓬勃发展，校园内气派高楼比比皆是，那建筑的规模是旧中国的大学无可比拟的。遗憾的是今日大学的部分现状不幸被清华老校长梅贻琦言中，大楼之多而大师之少，这样的反差不得不促使我们深刻反思：办好一所大学的关键是要有一支师德高尚、学术高端、境界高远的教师队伍，特别需要学术上具有引领性，思想上具有前瞻性，人格上有巨大魅力的大师级人物。可是这样的人物仿佛离我们越来越远……

那么，梅贻琦任校长期间的清华大学怎么会涌现出那么多的大师级人物呢？这还得从梅贻琦的求学经历说起。

那是 1909 年 10 月，中国第一批"庚子赔款"留学生，在上海搭乘"中国号"游轮赴美，天津少年梅贻琦在 630 位报考者中排第六名。什么叫"庚子赔款"？很多人不清楚，但中国人对"八国联军"耳熟能详；对中国人而言，"庚子赔款"不是光荣，而是屈辱。"庚子赔款"是因为帝国主义列强与义和团及清政府发生严重的冲突后，清政府按协议对列强所受到的损失给予的赔款。当然，这个赔款条约的签订具有强迫性，是不平等的。后来由于种种原因，美国答应退还部分"庚子赔款"，但前提是作为资助中国学生赴美留学的费用，美国的一些议员认为这样做有利于在中国推广美国的价值观。"庚子赔款"客观上让中国产生了清华大学这一著名的高等学府，也让一部分优秀的中国学子有机会赴美学习，让中国的学者有机会见识世界上先进的教育，梅贻琦等人就是最早的一批。

梅贻琦学的是电机专业，毕业于美国伍斯特理工学院。26岁进清华大学任物理系教师。

梅贻琦任清华大学校长是1931年。在这以前的清华大学校长是著名的思想家、社会活动家罗家伦。罗家伦是清华大学第一任校长，后还担任过中央大学的校长，也是著名的教育家；但罗家伦任清华大学校长时，国民党主席蒋介石实施"党化教育"，要求学生接受军训，还监督管制学生的思想和行为。在《告诫全国学生书》里，蒋介石要求，对"破坏法纪"之学潮，"自与反革命无异，政府当严厉制止，如法惩处"。校长罗家伦也许是被动的，他配合国民政府，在清华实行严格的军事化管理，还成立了政治训育部，对学生的言论和行动严加监视。这样做的后果是形成了学生自发的大规模抵制潮。事实上，罗家伦在清华校长的位置上已难以继续有效地履行职责了。清华校长职位空缺将近一年，谁来接替校长的职位呢？那时的清华学生会发表了清华校长的五条标准：1. 无党派色彩；2. 学识渊博；3. 人格高尚；4. 确实能发展清华；5. 声望素著。经过再三物色，终于找到了当时在美国任清华留学生监督的梅贻琦。正是这一相对偶然的机缘，才开启了清华大学的不断发展之路。

梅贻琦在清华大学校长位置上到底做什么和怎么做的呢？清华的辉煌又怎么形成的呢？原因很多，但主要有以下三条：

一是教授治校，大家云集。

梅贻琦最有名的两句话就是"教授治校"最好的证明。第一句话就是开头已列举的"大学、大楼、大师"之关系的论断。第二句话就是"校长的任务就是给教授搬搬椅子，端端茶水"。梅贻琦治校的方法只有三个字——"吾从众"。这个"众"，主要指的是教授，特别是有声望的教授。清华文学院教授朱自清写了一篇文章为《清华的民主制度》。文中写道："在清华服务的同仁，感觉着一种自由的氛围气；每人都有权利有机会对学校的事情说话。这是并不易得的。"朱自清还认为，若没有梅贻琦，清华就不可能有如此健全的民主组织。尊重教授，让教授参与到学校的管理与发展中来，是清华长期兴盛的一个根本原因。在梅贻琦"大师之谓"的指导思想下，清华迎来了抗日战争前黄金发展的六年，这一时期，一大批知名学者、科学大家云集清华校园，其中有吴晗、刘文典、潘光旦、钱锺书、闻一多、朱自清、华罗庚等。他们都是各自领域中的学术翘楚，也是具有前瞻性思想的时代领跑者。清华是因为一大批大师的卓著工作与巨大影响而成为世界一流大学的；这些大师之所以选择清华，或者说长期在清华工作，很大程度上是因为梅贻琦精心营造的民主氛围。教授心情舒畅，人格独立，受到包括校长在内的学校管理层的高度尊重，怎能不为清华的发展尽心尽力呢？

二是言论自由，学术独立。

当然，这与第一点是分不开的。那时有一个说法：中国政界有多少个流派，清华师生中就有多少个流派。流派多，学派多，这看似不能步调一致的校园恰恰就是学校学术水平的源头活水。像刘文典这样的教授，狷介狂傲，言论惊世骇俗，但绝对自由畅达。在清华校园，没有一位教授因思想观点不同或政见不同而被解职，这一切都得益于梅贻琦的全力维系。

三是爱护学生，人格魅力。

梅贻琦并不鼓励学生参与过多的社会活动，这一点与胡适的态度很相像；梅贻琦认为学生到学校来要从学问里研究拯救国家的方法，同时使个人受一门专业服务的训练。虽然急难当前，但青年人还是要安心耐性，脚踏实地地一步一步去探讨，把学问专业做扎实。梅贻琦的观点是否完全正确，尚且不论，但梅贻琦对学生的殷切之情却表露无遗。电影《无问西东》中有一个镜头，学生要换专业，梅贻琦从人生大义循循善诱，耐心开导，终于使那位迷茫的学生豁然开朗。在西南联大遭日本飞机轰炸时，他总是让学生先跑，自己拿着雨伞指挥学生有序疏散。他把学生的安全放在自己的安全之上，至今健在的当年西南联大的学生何兆武每次回忆那种情景都激动不已。

梅贻琦巨大的人格魅力与清华大学的巨大影响有着内在的联系。人格魅力看不见，摸不着，但它却无处不在，无时不在。梅贻琦平时寡言，性情温润，在清华校园，梅贻琦就像一位动人的歌者，无论他说还是不说，只要他一站在你面前，你就会感到生命的感动和温暖。他不赞成学生参与政治运动，但一旦有清华的学生因参加运动被抓捕，梅贻琦必全力以赴进行救助。1936年2月，"一二·九"运动余波未了，军警特务冲进校园，学生中所谓危险分子都在军警的抓捕名单当中，但军警冲进校园摸黑搜查却一无所获。原来，梅校长为保护学生早有了周密安排。梅贻琦从不干涉学生活动，但必定会倾力保护学生，这样的校长不需要多说，师生自然会十分拥戴。

梅贻琦与西南联大的关系也是一段不可或缺的历史。1937年，抗战爆发，北大、清华被侵略者占领，南开大学因被怀疑是抗日基地，惨遭日机狂轰滥炸。清华、北大、南开三所大学先迁长沙，后迁昆明，这是中国教育史上的一个奇迹、一段佳话，但也是中国教育史上一种悲壮的美丽、苦难的荣光。

西南联大有张伯苓、蒋梦麟、梅贻琦三位常委，但实际上校务行政工作主要还是由梅贻琦负责。这三所学校都那么有名，又都有自己的个性，但三所大学的师生对梅贻琦都非常敬重。梅贻琦1949年以后去了台湾。一种主流的看法表明，梅贻琦在台湾主要是为了确保"庚子赔款"剩余经费的安全保管与运用。周恩来总理曾说过，梅贻琦先生没有做过对我们不利的事情。1962年梅贻琦病逝。自1915年梅贻琦从美国学成归来，他的一生都奉献给了清华大学。在长达17年清华大学校长的职位上，他殚精竭虑，创造了中国乃至世界高等教育上的奇迹。梅贻琦被清华人称为"永远的梅校长"。

大师语录

◎ 赠别的话，不宜太多，所以吾最后只要劝诸君在外国的时候，不要忘记祖国；在新奇的社会里面，不要忘掉自己；在求学遇着疑难问题的时候，务要保持科学的态度，研求真理。

◎ 思想要独立，态度要谦虚，不要盲从，不要躁进。

◎ 因为吾认为教授责任不尽在指导学生如何读书，如何研究学问。凡能领学生做学问的教授，必能指导学生如何做人，因为求学与做人是两相关联的。凡能真诚努力做学问的，他们做人亦必不取巧，不偷懒，不作伪，故其学问事业终有成就。

◎ 学问范围务广，不宜过狭，这样才可以使吾们对于所谓人生观，得到一种平衡不偏的观念。对于世界大势文化变迁，亦有一种相当了解。如此不但使吾们的生活上增加意趣，就是在服务方面亦可以加增效率。

◎ 如国家只重表面虚言而略实际，当然造成各种事业不进步、国家危弱之结果。

◎ 文明人类之生活要不外两大方面，曰己，曰群，或曰个人，曰社会。而教育之最大的目的，要不外使群中之己与众己所构成之群各得其安所遂生之道，且进以相位相育，相方相苞；则此地无中外，时无古今，无往而不可通者也。

◎ 所谓大学者，非谓有大楼之谓也，有大师之谓也。

大师影响

◎ 他平易近人，作风民主，学校大事率多征求教师意见，这也和他的谦逊的性格有关。

——陈岱孙

◎ 在校长方面，因虚怀若谷，尽量听取同仁意见，在教授方面，正因校长谦虚诚挚，故对其所持意见特别尊重。往往会议中争论甚久，梅师一言不发，及最后归纳总结，片言立决。……正因如此，清华园内，一切协和安定。当时一般学风动荡，华北局势紧张，清华之所以能宁静如恒，自非偶然。

——浦薛凤

◎ 清华之所以成为国际闻名的大学，原因自然很多，可是梅校长的一生贡献给他，要为其中重要的原因之一。

——傅任敢

◎ 假使一个政府的法令，可以和梅先生说话那样谨严，那样少，那个政府就是最理想的。

——陈寅恪

◎ 凡是和梅校长接触过的人，都知道他是一个沉默寡言的人，无论在任何时间任何地方，他都不肯轻易发言，甚至与友好或知己相处，也是慎于发言。但当某种场合，势非有他发言不可，则又能款款而谈，畅达己意，而且言中有物，风趣横生。

——张静愚

我读我思，闻道悟道

竺可桢

1890–1974

大师档案

竺可桢 浙江绍兴人。字藕舫，又名绍荣，当代著名的地理学家和气象学家，中国近代地理学的奠基人。他先后创建了中国大学中的第一个地学系和中央研究院气象研究所，担任浙江大学校长长达13年，是中国高校四大校长之一（其他三位分别是蔡元培、蒋梦麟、罗家伦）。

竺可桢出生在一个小商人家庭。2岁开始认字，从小聪明好学，为人热情正直。1905年，以全优成绩小学毕业，同年到上海读书，先入澄衷学堂，后转入复旦公学。1909年，他考入唐山路矿学堂，学习土木工程。1910年，竺可桢成为第二期"庚子赔款"留学生，赴美留学。1918年，他师承哈佛大学地学系教授华尔德·迈克尔迪，并获博士学位。1920年秋应聘南京高等师范学校。1934年，竺可桢与翁文灏、张其昀共同发起成立中国地理学会。1936年4月，任浙江大学校长。1949年后，竺可桢担任中国科学院副院长、中国科学技术协会副主席、中国气象学会理事长、中国地理学会理事长。他对中国气候的形成、特点、区域划分和变迁，对地理和自然科学史都有深入系统的研究。竺可桢是中国物候学的创始人，1955年6月，他被选聘为中国科学院院士（学部委员）。作为著名的科学家，竺可桢任校长时浙江大学的核心办学理念为"求是"二字。正是依靠"求是"的科学精神，浙江大学才能不断发展壮大。在竺可桢任校长期间，浙江大学从文、理、工、农4个学院16个系的地方性大学，一跃而成为有文、理、农、工、法、医、师范7个学院27个系的综合性大学，浙江大学被英国著名生物化学家、科学技术史专家李约瑟称赞为"东方剑桥"。

大师风范

唯求其是竺可桢

竺可桢出生于浙江绍兴。绍兴人杰地灵，人才辈出。竺可桢5岁上学，7岁作文，小小年纪常常对自己的作文不满意，一次次重写，直到满意为止，那时老师就觉得这孩子不一般。15岁那年，竺可桢从故乡绍兴小学毕业，考进上海澄衷学堂。别看竺可桢后来成了一个大科学家，寿达84岁，但少年竺可桢的个头却比同龄人矮一截，体重也比同龄人轻十几斤。如此瘦弱单薄，他常被同学讥讽，有的对着竺可桢挤眉弄眼，有的则用善意的玩笑挖苦这个寒酸的矮个子。当时他的同学，也就是后来大名鼎鼎的胡适，在背后担忧地说，竺可桢这样瘦弱的身体恐怕活不过20岁。后来竺可桢偶然听说这件事，不禁惊出了一身冷汗。那天晚上竺可桢辗转反侧，自己活不过20岁，这不是"东亚病夫"的样子吗？短命的人怎能实现自己的读书志向呢？于是竺可桢一骨碌翻下床来，连夜制订了一个锻炼身体的计划，还选了一条"言必行，行必果"的格言抄贴在宿舍里。竺可桢每天鸡鸣起床，坚持跑步，还学舞剑。有一天清晨，竺可桢被一声雷声震醒，窗外正下着不小的雨。怎么办，还要不要跑步？犹豫再三，他还是选择了继续跑。竺可桢一大早在雨中跑完了事先为自己规定好的路线。竺可桢少年时代的毅力与坚持是否与他后来成为大科学家有必然的联系呢？是否与他任大学校长后的做事风格有某种内在的关系呢？答案是肯定的。这也从另一个侧面说明，从小的教育，对于一个人的人生有多么重要！

1910 年，竺可桢参加第二批"庚子赔款"留美学生考试，400 多名优秀学子报名，最终录取 70 人。竺可桢列第二十八名，同在澄衷学堂的同学胡适考了第五十五名。在赴美留学的轮船上，他们常常在一起畅谈交流，两位聪明的青年，谈人生，谈理想，说中国，说世界，但有时也开开玩笑，说说笑话。他们一同回忆在上海同学时的情景，胡适说，你那时又瘦又小，现在我要和你打个赌：如果你能活过 60 岁，我胡适就在你的寿宴上磕三个头；如果你竺可桢活得比我长，就在我的尸体的屁股上踢一脚。当然，只有非常熟识的同学或朋友之间才能开这样的玩笑。历史有时本身就是一个玩笑。胡适没有机会参加竺可桢的寿宴，竺可桢也不可能真的踢胡适遗体的屁股。1974 年，当竺可桢以 84 岁高龄去世时，他的同学胡适已于 12 年前在台北去世，亨年 71 岁。两人打赌，谁输谁赢并不重要，这只是他们之间同窗友情的另一种表达方式，也包含着那一代青年才俊幽默豁达的人生态度。

竺可桢赴美就读美国伊利诺伊大学，所学专业为农学，完成学业后又进入哈佛大学攻读气象学博士学位。1918 年，竺可桢通过哈佛大学博士论文答辩，论文的题目为《远东台风的新分类》。竺可桢获博士学位后回国，先后在武昌高等师范学校、东南大学（中央大学前身）任教。1928 年起担任中央研究院气象研究所所长。竺可桢无论是教书，还是研究气象工作，都在南京。他在南京珞珈路 22 号盖起了一座小楼，工作、居住在南京似已成定局，但命运的改变往往不以自己的意志为转移，意料之外常常先于明天到达,竺可桢的浙江大学校长生涯大体属于这样的情形。

那是1936年2月的一天,蒋介石专门约见竺可桢,地点就在孔祥熙的家中,陈布雷陪同竺可桢见蒋介石。原来,蒋介石钦点竺可桢任浙江大学校长。在他人看来,竺可桢与蒋介石是浙江同乡,对于浙江大学,蒋介石当然会有一点特殊的情感。但竺可桢并没有思想准备,也不情愿。竺可桢在日记中写道:"大学校长其职务之繁重十倍于研究所所长,且欲见能效非三五年能为事。"竺可桢不无烦恼地说:自己不善伺候部长、委员长,怎么能当得好浙江大学的校长呢?纠结之际,他向蔡元培请教。蔡元培认为这很难直接拒绝。可以这样认为,竺可桢是带着非常矛盾的心理赴任浙大校长这一职位的。正因如此,所以他才能提出种种赴任的条件:一是国民政府要保证浙大有充足的经费;二是校长要有用人自主权。这些条件政府均一一答应。不过,竺可桢上任以后想法则有了根本性改变。他看到已经占据浙大校长职位的人并不想弃,没有占据的觊觎者也大有人在。竺可桢决心履职是出于公心。竺可桢说:"余若不为浙大谋明哲保身主义,则浙大又必陷于党部之手。而党之被人操纵已无疑义。"这很有有识之士不去占领重要职位,无聊之徒便会蹂躏这一职位之意味。这实际上体现了竺可桢作为中国的知识精英的担当意识和使命意识,这样的精神也是中国知识分子最宝贵的品质。只顾自己明哲保身的人,算不上真正的知识分子。竺可桢担任浙江大学校长13年的经历,创造了中国现代教育史上的又一个奇迹——浙江大学这艘航船在竺可桢校长的带领下驶进了波澜壮阔的中国历史,驶进了波涛汹涌的广阔海洋,浙江大学终于成为中国少数几所享誉世界的一流大学之一。

竺可桢留学美国，教学中国，他踏遍了教育的人生之途，最后终于从王阳明那儿找到了教育的真谛："君子之学，岂有心于同异，唯求其是而已。"于是，浙江大学的校训由此形成，"求是"成为浙大的核心价值理念，这与竺可桢在美国求学时哈佛大学的校训"与真理相伴"的意思非常接近。竺可桢不止一次地说过，大学的最大目标是求真理。1939年竺可桢发表《求是精神与牺牲精神》的演讲。竺可桢说："所谓求是，不限于埋头读书，或是实验室做实验。求是的路径，《中庸》说得好，就是'博学之，审问之，慎思之，明辨之，笃行之'。"竺可桢在办学实践中，使浙大"求是"校训的内涵不断丰富。竺可桢独到的观点闪烁着思想的光芒。一是竺可桢讲得比较多的"领袖说"。他说教育的目的在于培养一国的领袖人才；他更直接地断言，"大学是培养未来各届领袖人才的地方"。竺可桢继续阐述他的"领袖说"思想："一般人以为大学之目的在于使学生能得专门知识与技能，以为将来个人到社会中，从事谋生立业的基础。而为国家着想，则系造就领袖人才，领导群众以发展事业。"所以，进浙大求学的学生，他的要求与起点应比较高，学生的目标意识应比较强，学生追求的目标应比较高远，学生的学习动力也不一样。选达领袖人才之目标，学生当自觉负起责任，即罗家伦专门论述过的知识分子的责任。学生当自觉拒绝平庸，追求崇高。这是竺可桢一贯的教育思想。二是"应用科学、基础科学，与人文科学并重说"。竺可桢说："若侧重于应用科学，而置纯粹科学、人文科学于不顾，这是谋食而不谋道的办法。"这一个办学观点，说明竺可桢具有前瞻的眼光。我们现在讲掌握核心技术，还有打造核心竞争力，如果没有基础科学的研究成果，是断然不会有核心竞争力的。20世纪的核能技术、信息技术等都是在基础科学成果的基础上发展起来的，其中包括量子力学的基础理论成果。竺可桢讲的纯粹科学，也就是现在讲的基础科学。竺可桢的这一见解，不但对浙大，而且对我国的科学研究都起到了方向性的指导作用。至于人文科学，如果大学生不注重人格修养，不懂文史哲，那会严重制约其科学才能的发挥。

竺可桢的"求是"办学理念，它包括科学、人文知识的"是"，也包括办学方向与管理学校的"是"。竺可桢担任校长时最严峻的考验是1937年抗战全面爆发后的学校西迁。日本侵略者打过来了，杭州没法待下去了，保护学校的唯一办法就是搬迁。北大、清华、南开三所大学搬迁到昆明，合并为西南联大。浙大怎么办呢？在竺可桢的带领下，自浙西天目山、建德到赣中吉安、泰和，又从赣中吉安到桂北宜山，最后从桂北宜山到黔北遵义，四次迁徙，共3500公里里程，竺可桢在艰难的迁徙中该承担多大的压力啊。就在这长达两年的迁徙中，竺可桢的妻子，还有一个儿子，都生病去世，竺可桢受到的打击令人难以想象。1940年，浙江大学安顿于贵州的遵义和湄潭，竺可桢最后选定遵义以东75公里的湄潭县城作为学校本部。令人称奇的是，浙大的一部分新的学科就是在湄潭建立起来的。在偏僻的山区县城，浙大由原来只有3个学院16个系的地方大学发展成为文、理、工、农、师、法、医7个学院共27个系的全国性大学，成为当时最完备的两所综合性大学之一。在艰苦的环境、艰苦的岁月里，浙江大学的研究成果十分令人瞩目，如束星北的《加速系统的相对论转换公式》、王淦昌的《中子的放射性》等多篇高质量论文在世界权威刊物英国的《自然》杂志上刊登。1944年，英国皇家学院李约瑟博士来湄潭参观交流后惊呼：万万没有想到，在如此边远的山区能办出这样的大学。那时的浙大，已是人才济济，一派生机。著名物理学家、化学家钱人元曾任中国科学院化学研究所所长，著名数学家谷超豪是中国自然科学奖一等奖获得者，著名物理学家程开甲获2013年国家最高科学技术奖，著名核物理学家胡继明是资深中科院院士，著名气象学家叶笃，中国核能之父卢鹤绂，享誉世界的数学家陈建功，还有苏步青等，都出自浙江大学。那时的浙江大学，大师云集，群星闪耀，他们心甘情愿地聚在竺校长的麾下，潜心从事科学研究与教育事业。在这一点上，竺可桢与清华大学的梅贻琦校长一样，重视发挥教授的作用，对教授及优秀的教师给予了高度的尊重与重视。如物理天才束星北多次当面顶撞竺可桢校长，但竺校长从不生气，更不会报复。有一次束星北动手打人，但竺可桢爱才心切，通过多次协调，硬是保留了束星北的教授职位。浙大西迁时期的师生中有50多人成了中国科学院院士。

竺可桢作为中国的教育家，他的最大功勋就是把浙大办成了"东方的剑桥"；竺可桢作为中国的科学家，他对中国的科学事业也作出了巨大的贡献，如《中国近五千年来气候变迁的初步研究》等。1949年中华人民共和国成立后，竺可桢担任中国科学院副院长，1955年当选为学部委员。对于竺可桢而言，学术专业水准、校长行政岗位一个也不能少，他是集杰出的科学家与伟大的教育家于一身的中国知识分子。

◎ 谚云"疾风知劲草,乱世识忠臣",盖谓在艰难困苦中,贤者则能坚忍不拔,砥柱中流,而不肖者则销声匿迹矣。

◎ 实校将来,应一铲旧习,除教授学生课本外,仍应一面注重教学生用"手眼",一面教学生用"心思"。盖大自然即是一册完好教本,一粒花种种入于地,由发芽而至成长、开花、结子,若日日注意考察其生长状况,则所得何尝不胜读一册自然教本也。

◎ 一个学校实施教育的要素,最重要的不外乎教授的人选、图书仪器等设备和校舍建筑。这三者之中,教授人才的充实,最为重要。教授是大学的灵魂,一个大学学风的优劣,全视教授人选为转移。假使大学里有许多教授,以研究学问为毕生事业,以作育后进为无上职责,自然会养成良好的学风,不断地培植出来博学敦行的学者。

◎ 大学所施的教育,本来不是供给传授现成的知识,而重在开辟基本的途径,提示获得知识的方法,并且培养学生研究、批判和反省的精神,以期学者有自动求知和不断研究的能力。

◎ 若侧重应用的科学,而置纯粹科学、人文科学于不顾,这是谋食而不谋道的办法。

◎ 科学的方法,公正的态度,果断的决心,都应该在求学时代养成和学习的。

大师语录

◎ 小而言之，一个学校、一家公司，甚至一个人的做事、读书统要有先后，然后能计划。

◎ 所以，有了博学的教授，不但是学校的佳誉，并且也是国家的光荣；而作育人才以为国用，流泽更是被于无穷。

◎ 我以为天才尽多生在贫人家，而贫困的环境又往往能孕育刻苦力学的精神，所以如何选拔贫寒的优秀学生使能续学，实在是一国教育政策中之一种要图。

◎ 唯有能思想才不至于盲从，亦唯有能思想才能做有效的行动。

◎ 一个学校的健全发展，自然有赖教授、校长之领导有方，同时尤需要全体学生有深切的自觉与实际的努力。

◎ 近代科学的目标是什么？就是探求真理。科学方法可以随时随地而改换，这科学目标，蕲求真理也就是科学的精神，是永远不改变的。

◎ 凡是真知灼见的人，无论社会如何腐化，政治如何不良，他必能独行其是。

◎ 科学家的态度，应该是知之为知之，不知为不知，丝毫不能苟且。

大师影响

◎ 大家知道，吾师竺可桢先生历来重视科学史的研究。正是在竺先生的倡导和推动下，我国的科学史研究，40年来得到蓬勃发展。

——胡焕庸

◎ 竺可桢先生是中国现代气象学和地理学的奠基人，在台风、季风、中国区域气候、农业气候、物候学、气候变迁、自然区划等领域，取得过辉煌的成就；竺可桢先生是中国现代教育的先行者和实践家，他执着的"求是"精神、先进的教育思想和卓越的办学成就，在中国教育史上书写了光辉的篇章；竺可桢先生是中国科学院和中国科学院学部的奠基人和卓越的领导者之一，领导和指导了中国自然区划综合考察、国家大地图集编纂、地学规划制定、自然科学史研究等工作，为新中国科技大厦的奠基立业，为中国科学院的建立和发展作出了卓越贡献。

——路甬祥

◎ 竺可桢在地理学学科发展方向、地理学研究机构的设立和学术带头人的培养、若干重大任务决策等方面，在长时期内（从20世纪20年代开始，特别是在50年代）都发挥了主要作用，是中国近代地理学的奠基人，处在中国近现代地理学发展中作出杰出贡献的第一人的位置。

——陆大道

大师影响

◎ 竺先生是一个好校长,他与蔡元培一样,是我国近代教育史上最好的大学校长。

——苏步青

◎ 具有远见卓识,同情他人,和蔼可亲……许多在中国工作过的西方科学家都对他的成功帮助深表感谢。

——李约瑟

我读我思,闻道悟道

晏阳初

1890–1990

大师档案

晏阳初 祖籍四川省巴中市巴州区三江镇。别名晏遇春。

晏阳初的父亲是塾师也是乡医。晏阳初在父亲的教育下,接受儒家文化的熏陶。但父亲也深知西学乃潮流所趋,所以让晏阳初入几百里之外的基督教内地会创办的西式学堂接受新学。1913年,晏阳初赴香港圣保罗书院(香港大学前身)就读,后转入美国耶鲁大学,主修政治经济,1918年毕业,获学士学位。1919年入普林斯顿大学研究院,攻读历史学,1920年获硕士学位。1944年至1945年,美国锡拉丘兹等三所大学授予晏阳初荣誉博士学位。晏阳初从美国学成归国后,投身于平民教育,致力于乡村建设,他长期担任中华平民教育促进会总会总干事。1926年,他在河北定县(今定州市)开始乡村平民教育实验。1940年至1949年,他在重庆创办中国乡村建设学院,组织开展乡村建设实验。

20世纪50年代,晏阳初协助菲律宾、泰国、危地马拉、哥伦比亚及加纳等国建立乡村改造促进会。晏阳初还曾在联合国教科文组织担任顾问。

自20世纪20年代始,晏阳初就致力于平民教育,前后长达70余年,被誉为"世界平民教育运动之父",与陶行知并称"南陶北晏"。晏阳初办平民教育,先教识字,再实施生计、文艺、卫生和公民"四大教育",培养有知识、文化,有生产能力,有强健身体,有集体精神的乡村村民。晏阳初希望通过政治、教育、经济、自卫、卫生、礼俗"六大整体建设"的开展与实施,造就"新民",从而达到强国救国的目标。

大师风范

平民情怀晏阳初

也许有人不知道晏阳初，但不会有人不知道陶行知。如果你不知道晏阳初，那么就告诉你几十年前流传的"南陶北晏"之说，这是因为晏阳初是与陶行知齐名的"平民教育家"。由于晏阳初的特殊经历和全方位的贡献，他又被赞誉为"世界平民教育运动之父"。

晏阳初以百岁高龄在美国逝世，就在他去世前一年的1989年，时任美国总统的布什还专门致电贺寿。1943年，晏阳初和爱因斯坦等被评选为"现代世界最具革命性贡献的十大伟人"。《展望》杂志评选"当代世界一百位最主要人物"，晏阳初位列其中。晏阳初的一生因为平民教育而备尝艰辛，又因为平民教育而彰显价值，收获愉快。晏阳初的一生犹如一本内容丰富的教科书，让我们感受到了文学的悲悯情怀，让我们看到了历史的传承创造，让我们体会到了哲学智慧的学以致用。

晏阳初何以成为举世公认的平民教育家呢？这还得追溯到晏阳初的三个"总是难忘"。

一是总是难忘蒙学教材的启示。

晏阳初从小在塾师兼乡医的父亲的指导下，熟读中国经典蒙学教材《三字经》《百家姓》《千字文》。接着读《大学》《中庸》《论语》《孟子》。晏阳初不止一次地说过，对于儒家经典与自己小时候熟记的蒙学读物，当时并没有多少感觉，但一二十年后，才发现它们的意义，体悟到儒家的民本思想和天下一家的观念。平民教育运动、乡村建设运动，不论在中国，还是在海外，都是民本思想的实践，都是以天下一家为最高宗旨的。现在强调弘扬中国传统文化，什么才是中国的传统文化呢？家、家族、家国三位一体，应视为中国文化的核心元素。从根本上看，晏阳初还是受到了中国传统文化的熏陶。

二是总是难忘两位外国老师的真切教诲。

第一位是英国牧师姚明哲。晏阳初的父亲思想开明，眼光具有前瞻性，他为了让晏阳初接受多元文化，把晏阳初送到教会创办的华英学堂就读，并因此认识了英国牧师姚明哲。姚明哲是牧师，也是校长，还是学堂的主要教师。他一人教英文、数学、地理等多门课程。姚明哲对晏阳初这个中国孩子给予了特别的温暖与爱护，更以自身的日常行动让晏阳初感受到了这个世界需要公正、仁爱。晏阳初了解到姚明哲放弃测量员技术工作，到中国传教，是因为他看到有些来华的传教士并不是真正出于对中国人的爱，这些人在中国人面前总是趾高气扬，居高临下，甚至对中国人不屑一顾，姚明哲看不惯这些人，于是放弃了自己的专业与职业，不远万里来到中国传播基督教理，并用自己的日常行为做表率教育学生。晏阳初认为，正是姚明哲老师的"微妙火种"才使自己走上了平民教育的道路。另一位让晏阳初难忘的是传教士斯图尔特。是斯图尔特推荐晏阳初到香港深造。斯图尔特还不顾路途艰辛陪同晏阳初抵达香港。如果没有斯图尔特，没有后来的莱夫等外国老师、外国朋友的爱心与帮助，也就很难有晏阳初以后的发展道路。晏阳初从香港到美国，在耶鲁大学读本科（政治经济学），又考上普林斯顿大学读硕士，进入社会后先后获得了多所大学授予的荣誉博士学位。

晏阳初从读蒙学课本开始，一直到在美国的名牌大学深造，都有老师的仁爱伴随着他一路前行。仁爱的种子悄悄地播撒在晏阳初的心中，他立志为天下大众服务的决心更加坚定……

三是总是难忘苦难华工的一次善举。

刚从耶鲁大学毕业，晏阳初就以北美基督教青年会战事服务干事的身份，远涉重洋来到第一次世界大战后期的法国战场。那里有20多万华工，主要工作是挖战壕，救伤员。晏阳初主动为华工当翻译，主动为华工代写家信，同时创办华工识字班。晏阳初还专门为华工办了一份报纸《华工周报》。有一次周报编辑部收到一封来信，信的大意是这样的："晏先生大人，自从您办周报以来，天下事我们都知道了，您为我们做了一件好事情，我们都很爱看周报，但是您的报卖得太便宜了，这样下去恐怕要关门。我现在捐出我三年的积蓄，365个法郎。"华工都是苦力，收入非常微薄，这件事让晏阳初十分感动。他说："我去法国，原想教育华工，没想到是华工教育了我。他们的智力和热忱，渐渐引导我发现一种新人。这新人的发现，比考古学家发现北京人，也许还要重要。"

晏阳初似乎在茫茫人海中拾到了一颗珍珠，从微弱的光线中看到了闪亮的灯塔，民众才是最伟大的力量，人人皆尧舜，个个是人才，只要有了民众的教育，国家和社会就有希望。这一座未经开采的矿床该隐藏着多少宝物啊！从此以后，晏阳初立志不做官，也不求发财，要把"终生献给劳苦大众"。

1920年，晏阳初准备回到中国，北美基督教青年协会的副总干事博克曼为晏阳初送来了祝福：你出身书香世家又得海外教育，回国后定能取得领导地位。晏阳初则坚定地表示：我的未来在法国为华工服务时就已决定，有生之年要为最贫困的文盲服务。

那时的中国，四万万同胞竟然有三万万多文盲，再具体地说，就是有75％左右的人不识字。不识字，老百姓叫"睁眼瞎"。"睁眼瞎"的民众那么庞大，社会怎能文明进步？晏阳初经考察后总结出中国农民自古以来的四种病症：一愚二穷三弱四私。这是什么意思呢？"愚"指的是没有文化，没有文化就难有文明。"穷"指的是生计都难以维持，起码的生活都不能保障，其他均无从做起。"弱"与健康有关系，为什么外国人称中国人为"东亚病夫"？因为那时的中国民众普遍精神萎靡、身体羸弱。"私"指的是中国农民如一盘散沙，没有集体观念，不能发挥群体的力量。针对这四种病症，晏阳初提出了自己的观点与主张，要用"四力"治"四病"，"四力"分别是知识力、健康力、生产力、组织力。要让亿万乡村的中国民众形成知识力，拥有健康力，发展生产力，形成组织力，谈何容易？务实的晏阳初先从编农民识字课本做起，又选择一个地点做实验。1926年，晏阳初开始在河北定县（今定州市）进行乡村平民教育实验，后来又携带家眷在定县创办了"人类社会实验室"，定县便成了后来遍及全国，甚至遍及世界的乡村建设运动的发源地。

晏阳初献身乡村教育完全发自内心，他常常谈及自己坚定的信念与拥有的理想。一个长期在国外留学的青年，其生活习惯与农民本有很大的差异，但晏阳初一步一步地让自己农民化，从生活习惯到语言交流。晏阳初与家人说话都是英语，因为晏阳初的妻子是中荷混血，又生长于美国，但晏阳初与定县农民交流则用地道的定县土话，而且与农民吸一样的烟。

在乡村教育的实验区里，各种形式的识字学习班办了起来，普及农业科学的组织也建立起来了。晏阳初重视农业科学研究，积极推广防治病虫害和科学养猪、养鸡、养蜂的方法，开办实验农场，改造猪和家禽的品种，帮助农民组织了各种互助社、合作会、联合会，晏阳初不是拉一点赞助经费为农民输血，而是让农民自己有造血的能力。晏阳初的做法，对我们今天着力开展的"精准扶贫"工作有许多可借鉴之处。事实上，晏阳初是用系统思维来思考解决农民、农村、农业问题的。在定县，晏阳初还开展了卫生教育的试验，如在乡村设保健员，联村设保健所，县城设保健院……这些内容不得不让人想到现在的全民医保制度，还有20世纪70年代全国农村"赤脚医生"制度。晏阳初为中国农村建设，特别是为中国农村教育与卫生条件的改善所做出的努力，至今都有着十分重要的借鉴意义。

中国那么大，中国的农民那么多，中国的农村那么广，中国的农村教育又那么落后，晏阳初的坚定信念与高远境界，感动了许许多多的中国有识之士。在晏阳初的感召下，当时一批留洋博士、硕士、大学生也和晏阳初一样，不恋官场，不慕发财，与晏阳初一起奋斗在乡村建设、乡村教育的第一线，如哈佛大学教育学博士瞿菊农，国立北京法政专科学校校长陈筑山，哈佛大学戏剧专业博士熊佛西，康奈尔大学农业经济学博士冯锐，康奈尔大学乡村教育博士傅保琛，威斯康星大学博士陆燮均，哈佛大学医学院硕士陈志潜……

如此豪华的"博士下乡"名单，在那个时代是十分罕见的。这与晏阳初的号召力与巨大影响力是分不开的。不仅如此，陶行知、陈鹤琴等著名教育家都陆续加入晏阳初任总干事的中华平民教育促进会总会，许多像胡适一样的著名学者也加入到了晏阳初倡导的平民教育的具体工作中。

鉴于晏阳初在中国致力于平民教育以及在平民教育上取得的

杰出成就，1928年6月20日，晏阳初到美国耶鲁大学领受荣誉学位。耶鲁大学在赞扬词中这样写道：晏君自1918年在耶鲁荣膺学士学位，今已十年，极少的毕业生在十年间的成就可与这位具进取心、富有才能，而且又不自私的人相提并论，他是中国平民教育的主要负责人，他对东方的贡献可能比（第一次世界）大战后任何一个人都伟大……

晏阳初在中国平民教育上取得的成就，让大洋彼岸的母校感到自豪。事实上晏阳初不仅属于中国，他也属于世界。晏阳初作为联合国教科文组织终身顾问，他在菲律宾以及非洲都有实验推广的基地，并且都取得了很大的成功。至此，还得插叙一段历史真相：1948年美国援助中国经济的2175亿美元，是因为晏阳初巧妙地把中国乡村改造计划直接递交到了美国总统杜鲁门的办公室，于是才有了美国国会通过的一项名为"晏阳初条款"的议案，这个议案给中国的援助，有一部分就用在了中国的乡村建设与乡村教育上。

1945年11月，联合国教科义组织在巴黎举行会议，晏阳初的助手瞿菊农是中国代表团的成员，就是那次会议，联合国教科文组织以中国平民教育的经验为蓝本，制订出以扫除文盲为基本教育目标的计划，并且开始在全球实施。中国的平民教育与乡村建设的实践已影响了世界。

晏阳初晚年虽然生活在美国，但他心系祖国。20世纪七八十年代，他多次回到中国，回到他曾经工作过的河北定县。多位党和国家领导人，如曾任全国政协主席的邓颖超，全国人大常委会委员长万里，都亲切地会见过晏阳初。为穷人服务，为平民奔走，不贪恋官位名利，为教育无私奉献，这样的胸怀堪比大海天空，这就是晏阳初。

大师语录

◎ 我们办教育，固然要注意文艺、生计、卫生，但是我们不要忘记了根本的根本，就是人与人的问题，大家要都是自私自利，国家就根本不能有办法，绝没有复兴的希望。所以我们办公民教育，用家庭方式的教育，在家庭每个分子里，施以公民道德的训练，使每一个分子，了解一个人与社会的关系，以发扬他们公共心的观念。

◎ 各国教育，有各国制度和精神，各有他的空间性与时间性，万不能乱七八糟地拿来借用。

◎ 我们要做一个"现代人"，一方面要不忘本，换句话说，就是不要忘记我们是中国人，一方面要应用欧美的科学，要有驾驭自然的本领，一扫从前那种靠天吃饭、信赖命运的行为，换上一副创造新天地的气魄，这才能有办法。

◎ 所以我觉得学问还在其次，人格却最要紧，我们要有"富贵不能淫，贫贱不能移，威武不能屈"的操守！

◎ 我们欲"化农民"，我们须先"农民化"。

◎ 人有免于愚昧无知的自由。

◎ 平民教育的目的，是教人做人。做什么人？做"整个的人"。什么叫作"整个的人"？第一要有知识力，第二要有生产力，第三要有公共心。

大师影响

◎ 以宗教家的精神努力平教运动,深致敬佩。

——毛泽东

◎ 您使无数的人认识到:任何一个儿童绝不只是有一张吃饭的嘴,而是具备无限潜力的、有两只劳动的手的、有价值的人。

——布什

◎ 杰出的发明者:将中国几千年文字简化且容易读,使书本上的知识开放给以前万千不识字人的心智。又是他的伟大人民的领导者:应用科学办法,肥沃他们的田土,增加他们辛劳的果实。

——美国百余所大学的学者推选的颁奖词

我读我思,闻道悟道

陶行知

1891–1946

大师档案

陶行知 安徽歙县人,祖籍浙江绍兴。教育家、思想家、爱国民主人士。本名陶文濬,因信仰王阳明的"知行合一"学说改名"知行",又因为"行是知之始,知是行之成"便改名"行知"。

陶行知自幼聪颖,幼时进教会学校崇一学堂,师承传教士唐进贤。17岁考入杭州广济医学堂,后经老师唐进贤介绍入南京金陵大学。1914年,陶行知以总分第一名的成绩从大学毕业,随即赴美留学,先是在伊利诺伊大学学市政,后毅然决然转学哥伦比亚大学,并师从杜威、孟禄等美国著名哲学家、教育家研究教育。

1917年,陶行知回国,先后任南京高等师范学校、东南大学的教授,教务处主任,从此开始了他富有激情、创造,又充满艰辛的教育生涯。

陶行知把西方先进的教育思想与中国的实际结合起来,提出了"生活即教育""社会即学校""教学做合一"等教育理论;他提出的"千教万教教人求真,千学万学学做真人"至今都是引用频次最高的教育名言。陶行知一生致力于平民教育,1923年他与晏阳初等人发起中华平民教育促进会总会,并赴各地开办平民识字读书处和平民学校,1926年发表了《中华教育改进社改造全国乡村教育宣言》,1927年创办南京晓庄学校,1932年创办生活教育社及山海工学团,推动通过教育改善人民生活,1939年在重庆创办育才学校,培养有特殊才能的儿童。

上海圣约翰大学为表彰陶行知为中国教育事业作出的贡献,特授予他荣誉科学博士学位。1946年7月25日,因长期操劳,陶行知不幸逝世于上海,享年55岁。陶行知被毛泽东主席尊称为"伟大的人民教育家"。

大师风范

爱满天下陶行知

南京陶行知纪念馆古朴、庄重而典雅，毛泽东苍劲之手书"痛悼伟大的人民教育家"十个大字悬挂于纪念馆大厅显著位置。馆中还珍藏着当年宋庆龄和郭沫若为陶行知撰写的挽联，郭沫若的挽联是"两千年前的孔仲尼，两千年后的陶行知"，宋庆龄则在"行知先生千古"的小字旁书写了四个大字——"万世师表"，为陶行知题写挽词的还有朱德、周恩来等。

陶行知 1946 年 7 月在上海逝世，距今已有 73 年了，但陶行知至今都引领着中国教育的改革方向。全国大多数省、市、自治区都有陶行知研究会，全国性的陶研组织则有中国陶行知研究会和中国陶行知基金会两大团体。全国以陶行知的名字命名的学校就有百所之多，更有如坐落于南京浦口区的南京行知学校这样知名的行知特色学校。在前不久北京电视台举行的演讲挑战赛中，一位年轻人发表的以陶行知为题材的演讲博得了一阵阵热烈的掌声。江苏省陶行知研究会的"行知伴我行"征文与演讲比赛吸引了全省数百所中小学的校长、老师参与，一场主题为"陶行知教育思想的当代价值与实现启示"的专家报告会产生了极大的反响。没有哪一位教育家能在中国产生如此持续的影响力。郭沫若说，古有孔夫子，今有陶行知。在现代人的思想观念中，虽然没有圣人，但陶行知胜似圣人。

陶行知，1891年10月18日出生于安徽歙县西乡黄潭源村一个贫寒的教师之家。陶行知的祖籍则在浙江绍兴。陶氏先祖于明朝正德五年（1510年）由绍兴府会稽县举家搬迁并定居歙县城西古溪村。陶行知自幼天资聪颖，6岁时就能过目不忘，有一次在邻居家厅堂玩耍，见厅堂墙上挂着的对联，便坐在地上临摹起来，被邻村一位叫方庶咸的秀才看见，方秀才就义务教他读书识字。毛泽东在少年时曾写下"埋骨何须桑梓地，人生无处不青山"的豪迈诗句，陶行知少年时则挥笔写下"我是一个中国人，应该为中国做出一些贡献来"的豪言。陶行知与鲁迅一样，希望通过学习医学，为中国劳苦大众服务。17岁的陶行知离开家乡，到杭州广济医学堂上学，只是后来思想发生了转变，认为这并不能实现自己报答祖国的人生志向，于是他选择了退学。对陶行知今后人生道路产生重大影响，并决定其一生道路的思想基础是他在南京金陵大学的学习生活。金陵大学为教会所办。时任美国外交官的司徒雷登这样评价陶行知："一生从事教育，坚信博爱。"大家都很熟悉，现在仍然可在许多学校的显著位置看到陶行知手书的四个字"爱满天下"，这不能不让人联想到金陵大学给他的影响。在人生的不同阶段，陶行知经历了那么多，也做了那么多，陶行知对教育的贡献，对中国社会的贡献，让所有人包括反对他的人折服，而这一切的源头，都与"爱满天下"这四个字不无关系。

了解陶行知，研究陶行知，学习陶行知，陶行知犹如一本每一次阅读就像第一次阅读那样新鲜的经典名著，陶行知的教育思想经时间的考验，早已沉淀为中国教育的经典，历久弥新，经久不衰。我们不妨从以下四个方面去感知陶行知的光辉与不朽。

陶行知是一位伟大的思想家。

陶行知在美国伊利诺伊大学读的是市政系，两年不到的学习经历让他有了很好的学术研究方法的训练。同时，这期间他也修习教育行政学、教育研究法、教育心理学讨论等课程。1916年，陶行知实现了自己研究教育的梦想，他如愿进入美国哥伦比亚大学师范学院。哥伦比亚大学师范学院是全世界教育研究的学术中心，也是学习教育的最高学府。在两年多的时间里，陶行知师从孟禄、杜威等名教授学习教育理论，内容包括公共教育管理、教育哲学、教育经济学、教育发展史、学校与社会等等，这些学习奠定了陶行知终身从事教育，并致力于教育管理与教育组织工作的基础。

陶行知教育思想的形成与杜威的"实验主义"息息相关。陶行知认为，自己留学期间"受影响最大的是杜威教授的讲义和教程"，也就是从那时起，陶行知建立起了自己的一套通过"实验"达到"致知"的研究方法。通过在美国几年的学习，陶行知把自己曾信奉过的王阳明的"知行合一"与杜威的"实验主义"自然融合，又在以后的教育过程中以中国化的方式概括总结提炼，形成了独具特色的陶行知教育思想，其要义就是生活即教育，社会即学校，教学做合一。这也是陶行知主张的最根本的教学理念，最后形成了完整的陶行知"生活教育"的教育思想体系。

"生活教育"是以生活为中心的教育，没有生活做中心的教育是死教育，没有生活做中心的学校是死学校，没有生活做中心的书本是死书本。从陶行知的生活教育思想出发，有了生活的教育就是活的教育。教育与生活一刻也不能分离，生活如此重要，那么，教育又有什么用呢？陶行知是这样阐述的："在一般的生活里，找出教育的特殊意义，发挥出教育的特殊力量。同时，要在特殊的教育里，找出一般的生活联系，展开对一般生活的普遍而深刻的影响。把教育推广到生活所包括的领域，使生活提高到教育所瞄准的水平。"这是一段标准的理论话语。它的中心意思为：教育可以让生活更有意义，更加美好。可以这样认为，把握了陶行知"生活教育"的理论，也就把握了陶行知教育思想的精义。

陶行知是一位伟大的实践家。

现在的南京晓庄学院已发展成为一所学科较为齐全的本科院校。它的前身就是陶行知创办的晓庄学校。1927年，陶行知给他的母亲写了一封信，表示自己要把全副的心力用在乡村教育上。晓庄学校原名叫南京市试验乡村师范学校，陶行知认为中国的落后在于文盲充斥，而文盲主要在农村，那时的中国四亿同胞有三亿多不识字。怎样解决这个问题，陶行知认为只有培养出一大批乡村教师才有扫除文盲的生力军。陶行知的理想是用培养乡村教师播撒教育的种子。陶行知是思想家，更是实践家，是真正的行动主义者。他带领学生在荒山野岭中开出了一片新天地。选校址，修厕所，盖礼堂，建图书馆。他把"小庄"改名"晓庄"，把附近的山丘改名为"劳山"，自己盖校园，师生同甘共苦开荒种地。一个留学美国的高才生自找苦吃办学校，还把老师杜威的"实验主义"思想转化成了中国式的教育实践，这需要多大的决心和勇气啊！学校开办之初，什么用房都没有，包括教室、厕所、厨房，好吧，那就自己盖，这样的办学景象全世界都很难找到。晓庄学校也没有教师，学校将教师一律称为指导员，包括农夫、村妇、樵夫都可以做学校的指导员。最要紧的还是经费,开办时几乎所有经费都由陶行知筹措。陶行知从美国回来任南京高等师范学校教务长,每月有200大洋以上的薪酬,这样的收入足以让陶行知过上舒适体面的富人生活,但陶行知却心系乡村教育,把自己的一切献给了民众的教育。他办晓庄学校,是一项最大的教育实验,是真正的身体力行搞教育。其实,他回国后在南京的高校任教务长时,就是一个教育改革的实践者,他把"教授制"改成"教学制",把固定教学科目改为"选科制"。在陶行知的主导下,南京高等师范学校一时间成了教改的典范。

1923年8月,中华平民教育促进会总会成立,陶行知开始实验推广平民教育。在学堂,在商店,在家中,甚至在军队中、工厂里,陶行知的平民教育不分空间时间,不管身份对象,如火如荼地开展了起来。由于陶行知的努力和出色的工作,南京一地就出现了126所平民学校,学生达5000多人。陶行知还亲自编写《平民千字课》,总发行量超过300万册。这样的实践成果是多么了不起啊!陶行知真正做到了知行合一,他亲身实践,亲自动手,亲力亲为,做得如此具体,堪称教育的奇迹。陶行知虽然留学美国,有系统的理论作支撑,但陶行知的生活教育理论,教学做合一的经验,都是在实践的基础上逐步完善起来的。没有陶行知大量的教育教学实践,也就不可能有那么完美的陶行知教育思想。

陶行知是伟大的革新家。

当然,实践中往往隐含着革新。陶行知的革新与创造是紧密联系在一起的。如陶行知的宏大革新创造计划之一——"以教育促共和",他说要用四通八达的教育,来创造一个四通八达的社会。陶行知办学不守陈规,不拘形式,敢于立新。比如说开办暑假学校,提倡教职员学生之互动,特别是提倡男女同校,而平民教育的自身就是对传统教育的一种革新。

陶行知的革新精神还体现在他的《创造宣言》中。陶行知说教育者所要创造的是真善美的活人……先生创造学生，学生创造学生，学生先生合作而创造值得彼此崇拜之活人。陶行知呼吁："处处是创造之地，天天是创造之时，人人是创造之人……"创造要以不断革新为条件。陶行知的一生都在尝试教育的革新之路。尽管困难重重，但他义无反顾，他坚持实践基础上的革新，表现出了强大的生命力。

陶行知又是坚定的民主斗士。

1914年，陶行知以第一名的成绩毕业于南京金陵大学，并在毕业典礼上宣读了论文《共和精义》。民主的思想早早就在陶行知的心中扎下根来，不过他只是想通过教育实现自己的民主理想。民主也是他教育革新的主要思想基础。抗日战争爆发，让陶行知的思想又有了新的转变，他对共产党有了更多的认识。1935年，在中国共产党"八一宣言"的感召下，陶行知积极投入抗日救亡运动，在中华民族生死存亡的关头，陶行知与宋庆龄、马相伯、沈钧儒、胡愈之、邹韬奋、李公朴等发起组织上海文化界救国会。1936年初，陶行知被推选为"国难教育社"社长，从此，陶行知将平民教育与民族民主革命结合起来。1939年7月20日，陶行知创办了重庆育才学校，一批逃难的儿童有了学习的场所。抗日战争最艰难的时候，陶行知没有忘记"教育救国"。抗战胜利了，内战危情骤起，陶行知积极参加到反独裁、反内战的民主运动中去。陶行知对育才学校的师生说："学习民主，帮助创造民主的新中国。民主的洪流，浪头已经到来，没有力量可以抵抗它。"至此，"民主教育"成了陶行知办学实践的主旋律。陶行知教育民主活动引起了国民党政权的恐慌，晓庄学校的运营遇到了各种障碍。陶行知本人甚至有可能遭遇如李公朴、闻一多一样的暗杀威胁。但陶行知一如既往，毫无畏惧。陶行知是教育家，也是一位真正的民主斗士。

雨果说："世界上最宽广的是海洋，比海洋更宽广的是天空，比天空更宽广的是人的胸怀。"胸襟宽广，做人做事坦荡无私。教育最需要的就是胸怀、情怀，陶行知宽广教育情怀的源头活水正是他亲手书写的"爱满天下"，也许只有这四个字才能真正体现陶行知思想的真谛。教育的易简之理也许只要一句话：有爱就有教育。

陶行知教育思想对于今天的教育具有很多的现实启示。比如党和政府注重教育公平，而陶行知毕生的努力体现的就是教育公平。现在强调核心素养，而陶行知解放儿童的大脑、双手等教育主张与核心素养追求十分吻合。现在学校都在探索适合的教育，陶行知发明的"小先生制"，还有"四颗糖"的故事（即用"四颗糖"让一名用泥块砸人的学生正确地认识了自己的错误，堪称循循善诱、以理服人、水到渠成教育方法的经典案例）等，都是最有针对性的适合教育。再如现在探讨课堂教学效益，特别是探讨语文课堂教学效益不高的问题，陶行知的生活即教育、社会即学校、教学做合一的"活教育"思想是我们语文课堂教学的良方。实践证明，陶行知教育思想常学常新，常用常新，越用越新。从这个意义上看，陶行知的教育思想连同他的光辉人格必将是我们中华民族教育史上永远的灯塔。

大师语录

◎ 先生的责任不在教,而在教学,而在教学生学。

◎ 教育的作用,是使人天天改造,天天进步,天天往好的路上走;就是要用新的学理,新的方法,来改造学生的经验。

◎ 我们此地的教育,是生活教育,是供给人生需要的教育,不是作假的教育。人生需要什么,我们就教什么。

◎ 儿童的生活才是儿童的教育,要从成人的残酷里把儿童解放出来。

◎ 像屋檐水一样,一点一滴,滴穿阶沿石。点滴的创造固不如整体的创造,但不要轻视点滴的创造而不为,呆望着大创造从天而降。

◎ 捧着一颗心来,不带半根草去。

◎ 中国教育之通病是教用脑的人不用手,不教用手的人用脑,所以一无所能。

◎ 滴自己的汗,吃自己的饭,自己的事情自己干。靠天,靠地,靠父母,不算是好汉!

◎ 千教万教教人求真,千学万学学做真人。

大师影响

◎ 两千年前的孔仲尼,两千年后的陶行知。

——郭沫若

◎ 伟大的人民教育家。

——毛泽东

◎ 万世师表。

——宋庆龄

◎ 敬爱陶夫子,当今一圣人。

——董必武

◎ 一个无保留追随党的党外布尔什维克。

——周恩来

◎ 陶博士的主义与理想是世界性的……他的事业对于世界历史的进步具有巨大的贡献。陶博士是我们这个紊乱霸道的世界经过多年所产生的少许文化人物之一。世界上像陶博士一类的人物实在太少了。

——傅理曼

◎ 一代伟人,名扬千古,陶行知先生的教育思想不仅是中华民族教育史上的一枝奇葩,也是世界教育之林的一面旗帜。

——布莱恩·库朋

大师影响

◎ 陶博士并不仅仅属于中国，而是属于世界的。……在美国，大家都知道陶博士是一个伟大的教育家。

——华莱士

◎ 我从事研究陶行知三十多年，我体会最深的，一是陶先生人格的伟大，二是陶先生教育思想的卓越。他为大众争民主、争自由，最后献出了宝贵的生命。一个真正的知识分子就应该这样生活，应该是这样一条道路。我从陶先生身上受到鼓舞，陶行知不仅是中国知识分子的榜样，也是各国知识分子的模范，我们应该学习他。陶行知不仅是属于中国的，也是属于全世界的。

——斋藤秋男

我读我思，闻道悟道

陈寅恪

1890–1969

大师档案

陈寅恪 江西修水人。字鹤寿。中国现代最负盛名的历史学家、古典文学研究家、语言学家、诗人。是百年难得的哲人，与吕思勉、陈垣、钱穆并称为"史学四大家"。陈寅恪出身名门，家学深厚，祖父陈宝箴曾任湖南巡抚，父亲陈三立是"清末四公子"之一、著名诗人，夫人唐篔是台湾巡抚唐景崧的孙女。陈寅恪过人的学识与扎实的学问功底让学界泰斗都叹服惊羡，在清华任教时，陈寅恪被称作"教授之教授"。

陈寅恪1890年7月3日生于湖南长沙，儿时启蒙于家塾，学习四书五经、算学、地理等知识。1902年，陈寅恪随兄衡恪东渡日本，入日本巢鸭弘文学院。1905年，因足疾辍学，回国后就读于上海复旦公学。1910年，先后到德国柏林大学、瑞士苏黎世大学、法国巴黎高等政治学校就读。第一次世界大战爆发，陈寅恪于1914年回国。1918年，又得到江西官费的资助，再度出国游学，先在美国哈佛大学学梵文和巴利文。1921年，又转往德国柏林大学攻读东方古文字学。在留学期间，陈寅恪并不在乎文凭，而以学到真知识、求得真学问为追求目标，他勤奋学习，有了大量的知识储备，能用梵、巴利、波斯、突厥、西夏、英、法、德八种语言流利阅读，尤其精通梵文和巴利文。1925年，陈寅恪回国，被聘为清华大学国学研究院的导师（与王国维、梁启超、赵元任并称"清华四大国学大师"）。1929年，他在所做的王国维纪念碑铭中首先提出以"独立之精神，自由之思想"为追求的学术精神与价值取向。从此，"独立之精神，自由之思想"不仅仅是陈寅恪个人学术形象的象征，更成了所有追求真理的知识分子的神圣信条。抗日战争爆发后，陈寅恪随西南联大迁至昆明。1939年春，陈寅恪赴英国牛津大学任教，后任香港大学客座教授兼中文系主任。1949年后，任中山大学教授。先后被选为中国科学院社会科学部委员、全国政协常委，并担任中国文史馆副馆长一职。1969年10月7日，陈寅恪在广州逝世。

大师风范

独立品格陈寅恪

在湖南凤凰城的名人纪念馆中,有一个区域并排挂着三个人的画像,那就是陈宝箴、陈三立和陈寅恪。陈寅恪的祖父陈宝箴曾任湖南巡抚,父亲陈三立是"清末四公子"之一,也是著名诗人。一家三代皆为名人,对国家都有杰出贡献,这并不多见。常有参观者伫立于三人像前凝思良久,不愿离开。

陈寅恪一生淡泊名利,20世纪90年代,"陈寅恪热"一时兴起,遂成文化现象,引起人们关注,这当然不是陈寅恪所希望的。但陈寅恪的学术成就与人格风范,前人无出其右,后人也难以超越。他被尊称为"清华四大国学大师"之一,其他三位分别是王国维、梁启超、赵元任。当时的清华大学研究院主任吴宓认为,陈寅恪"最为学博识精"。梁启超向校长曹云祥力荐陈寅恪为清华研究院导师,并直言"陈先生的学问胜过我"。傅斯年更是高度评价:"陈先生的学问,近300年来一人而已。"

其实,陈寅恪文化现象并非只在今天,在当年的清华校园已是一道特殊的风景线。他被称为"教授的教授""太老师",在师生中享有"盖世奇才"的称誉。凡陈寅恪讲课,吴宓是必到的听课者。著名哲学家冯友兰当时任清华大学的秘书长、文学院院长,只要是陈寅恪上中国哲学史的课,冯友兰每次都毕恭毕敬地陪着陈寅恪从教员休息室走出来，静静地坐在教室里听他讲课。像朱自清这样的名教授也经常坐在教室后面听陈寅恪讲课。陈寅恪一生辉煌的缘由及表现主要有四个方面：一是家学传承，二是做人气节，三是学养深厚，四是恪守孤独。

陈寅恪，江西修水人。1890年，他生于湖南长沙。祖母黄夫人以其生值寅年，取名寅恪，恪为兄弟间排辈。陈寅恪儿时启蒙于家塾，学习四书五经、算学、地理等知识。1900年，祖父陈宝箴去世后，父亲陈三立举家迁居江苏金陵，在家中开办思益学堂，教授四书五经、数学、英文、体育、音乐、绘画等课程，倡导新式教学，受到时任两江总督张之洞的赞赏。陈寅恪从小既有扎实的国学童子功，又得以接触新式教学方法，开阔了学习的眼界。1902年，陈寅恪随兄陈衡恪东渡日本，入日本巢鸭弘文学院学习。1905年，回国后就读于上海复旦公学。1910年，先后到德国柏林大学、瑞士苏黎世大学、法国巴黎高等政治学校就读，1914年回国。1918年，又得到官费资助再次出国，先在美国哈佛大学学梵文和巴利文。1921年，又转往德国柏林大学攻读东方古文字学。在留学期间，陈寅恪学习特别刻苦。虽然他出身名门，祖父是大清高官，父亲是一代名士，但陈寅恪没有一点官宦后代的不良习惯，有的只是勤奋刻苦的优秀品质。也许有人会问，陈寅恪在国外大学学习那么多年，一定会有不少学位及其他头衔。然而，陈寅恪并不看重学位，他辗转世界各所名校，目的只有一个：学习。当他觉得在某一教授手下听某一门课，已经没有继续下去的价值，那么他就会寻求新的学习途径。学得真知识，求得真学问，陈寅恪学习是为了学习的本身，而不是追求一些虚名。他的这一特性，还影响了他的三个女儿。陈寅恪作为一个学问家，值得后生学习的地方太多太多，但有一点恐怕为世人所忽略，那就是什么才是真正的成功。我们从陈寅恪身上看到了什么才是真正的成功。真正的成功不是取得了什么功名，也不是如钱锺书笔下在国外弄了个什么博士头衔回来的方鸿渐，真正的成功是对学问本身的敬畏和尊重，真正的成功是对知识永远的渴求与追求。这也许才能真正找到陈寅恪如此博学的根本原因。陈寅恪有太多太多的过人之处，他熟练掌握梵、巴利、波斯、突厥、西夏、英、法、德八种语言，尤其精通梵文和巴利文，加上陈寅恪深厚的国学基础，东西方文化在陈寅恪的身上得以充分融合，从而铸就了一座难以逾越的学问高峰。陈寅恪虽然天资聪明，但陈寅恪的学问主要还是来自努力刻苦的学习态度、家传的渊源。毫无疑问，陈寅恪为人所敬仰的是学问，但也不完全是学问。学问高深，做人不行的人不是没有。陈寅恪真正为人敬仰的就是他为王国维所做的纪念碑铭中提出的"独立之精神，自由之思想"。陈寅恪最可贵的品格，就是独立的生命品格和做人的气节。气节也是陈寅恪的家传。他的父亲陈三立在抗日战争爆发日军直逼平津时，义愤绝食而死。这和抗日名将张自忠宁死不屈、血洒战场的民族气节在本质上并无二致。 1941年，太平洋战争爆发，日本占领香港，陈寅恪立即辞职赋闲。陈寅恪的学问名气早就有世界影响，特别是处在东方的日本、印度，很多著名学者都知道陈寅恪。有日本著名学者专门写信给日本宪兵队，告诉宪兵队不可麻烦陈教授。宪兵队还真的按照日本学者的要求，对陈寅恪给予关照。战时的香港物资匮乏，时局不稳，即使是教授，生活也十分困难。有一次宪兵队上门"慰问"陈寅恪，士兵把一袋上好的面粉送到陈寅恪的家中，陈寅恪的夫人不肯接受，推来推去，最后陈夫人硬生生地把一袋面粉推出了门。有学问的文人受人尊敬，有学问有气节的文人更受人敬重，正如朱自清宁愿饿死不肯领美国的救济粮，陈寅恪宁愿饿死不肯领日本人的面粉，这都是文人表现民族气节的榜样。后来日本当局又上门做工作，带着重金请陈寅恪出任香港东方文学院的院长，陈寅恪一口回绝。1942年日本侵略者占领上海时，当局为了粉饰时局，专门派人拜访陈寅恪，请他讲学授课，同样遭陈寅恪拒绝。1945年，英国牛津大学再次聘请他为教授，这对中国的学者而言是多大的荣耀啊，其实陈寅恪开始并没有接受，只是牛津大学多次诚恳邀请，加上陈寅恪的眼疾已经相当严重了，不治疗很快就会失明，他为了治眼疾去了英国。1949年傅斯年请陈寅恪到台湾任职，但陈寅恪拒绝了邀聘。中华人民共和国成立前夕，陈寅恪立刻回到了祖国。

陈寅恪的一生重的是名节，有的是气节。这是自称教书匠的陈寅恪立于世、高于人的真正所在。有人研究过陈寅恪为什么从来不提鲁迅。其实这也与陈寅恪的人格气节有关。鲁迅和陈寅恪曾同时在日本就读，两人互相欣赏尊重，陈寅恪对鲁迅的认同尊重是发自内心的。只是后来鲁迅的声望越来越大，陈寅恪从来不提自己和鲁迅曾在一起学习的经历，当然也不愿对已经很热的鲁迅作出任何评价。他无意去凑这个热闹，也与他一贯的性格有关。虽然敬重鲁迅，但由于自己与鲁迅有一段同时在日本求学的经历，他反而怕人家说他沾鲁迅的光环，这才是陈寅恪从不提鲁迅的原因。"独立之精神，自由之思想"，是贯穿于陈寅恪一生的行为准则，这句话不但是陈寅恪写给王国维的，事实上，后来这句话也刻在了陈寅恪的墓碑上。

遥想当年受聘于清华大学，同时在北京大学兼课的陈寅恪，他教授语文、历史、佛学等课程，44岁就被学生称为"老先生"。他的着装也别具一格——蓝布大褂，青布马褂，遮掩的皮帽，棉裤棉鞋，右手抱一个大包。著名画家陈丹青曾作《国学研究院》，画面中就有陈寅恪。那时的陈寅恪是老先生形象，但又确有风华正茂、指点学问的风度。陈寅恪最后的课堂是在1953年至1958年之间，那是在中山大学，他每周上两次课，为历史系的高年级学生讲"两晋南北朝史"和"隋唐史"。学生回忆说，每次学生早早来坐好，等老师的助手黄萱摇铃，但见老师穿着长衫，戴好帽子，拄着拐杖慢慢走到藤椅前坐下，然后开始讲课。

　　陈寅恪晚年眼睛已经完全失明，又遭"文化大革命"劫难，遭批挨斗，但从不屈服。陈寅恪的人格光辉无处不在。1966年"文化大革命"刚爆发，已卧床不起的陈寅恪差点被造反派用箩筐抬出去批斗。他女儿回忆说，如果真的抬出去批斗，父亲肯定就回不了家了，后来才知道是刘节代先生成为批斗会的对象。刘节是陈寅恪早年的清华弟子，刘节说："能够代替老师挨批斗，我感到很光荣。"如此的师生情谊，如此的师道传承。陈寅恪传道解惑，更是德泽后学。晚年的陈寅恪，无论如何艰难，也绝不说假话，绝不低头屈从，最多就是沉默。他于1969年10月7日去世，享年79岁。陈寅恪的一生，让人想起哲学家叔本华的名言："要么孤独，要么平庸。"不能说拒绝平庸的陈寅恪享受孤独，但拒绝平庸的陈寅恪选择了孤独。陈寅恪晚年双目完全失明，他人生的最后阶段是在黑暗中寻找学术的光明。短短的文字篇幅难以完全展示陈寅恪的学术成果，我们只能从陈寅恪学问之大、之广、之深去描述，如他的历史研究，特别是对魏晋南北朝史、隋唐史、宗教史、佛教史、西域各民族史、蒙古史的研究，至今都无人超越。陈寅恪研究历史，考察探究，注重事实，注重证据，穷本溯源，核定确切。他的精密考证方法成就巨大，发展了中国的历史考据学。陈寅恪对敦煌学的研究，了解的人不多，贡献却很大。陈寅恪虽然没有倾全部力量去研究敦煌学，却在敦煌学资料的抢救整理等方面作出了独特的贡献，敦煌学能够成为21世纪的"显学"，陈寅恪功不可没。陈寅恪对藏学、突厥学、宗教学都有精深研究。如他对《大乘起信论》和《六祖坛经》的"传法偈"的问题发表的看法，与当时国内外的主流学术观点并不一致，与一些著名学者的观点也不一致，但陈寅恪自成一家的佛学研究，包括对武则天与佛教的关系研究等，都受到了学术界的高度关注。

最为神奇的是陈寅恪对语言的掌握。一般认为陈寅恪精通八门语言，实际上除通晓梵文外，他还熟练掌握英、法、德、俄、西班牙、日、蒙古、阿拉伯、突厥、波斯、巴利、匈牙利、满、藏、希伯来、拉丁、希腊、吐火罗、西夏、朝鲜、印地等20多种语言。著名学者季羡林作为陈寅恪的学生，也精通梵文、吐火罗文，除了他自己的学习外，不得不说也受到了陈寅恪的影响。

陈寅恪对古诗文也颇有研究，有《诗存》问世。他比较偏好陶渊明和杜甫，特别推崇平民化、通俗化的白居易之诗。陈寅恪做学问的独特与灵活也可以从他解释白居易的诗中看出，他从《卖炭翁》推论出唐代官市制度的特点。用诗文与历史史料互证法去研究历史，这是陈寅恪开创的科学研究方法。陈寅恪晚年着力于《柳如是别传》的写作，这是传记又不是传记，这是学术著作又不完全是学术著作。很多人不解他为什么要花那么大的力气为一个青楼女子立传，其实这是他研究历史的另一个路径，也是他人格精神的另一种呈现方式。一个青楼女子在明清交替之际所表现出来的家国大义是很多男子，包括很多有名望的人、很多做官的人所没有的。他有意把我们民族的独立之精神、自由之思想贯穿于这部著作之中。

陈寅恪一生有形的师道——学术的传承自不待说，陈寅恪留给后人，特别是留给教育工作者及文化人的财富，是无形的师道。今天我们重提师道尊严，什么才是真正的师道呢？刘节与陈寅恪的师生之谊可以为证，蒋天枢与陈寅恪的师生关系更能成为师道内涵的生动诠释。在《柳如是别传》这部巨著完成那年，复旦大学蒋天枢教授专程从上海到广州为老师庆祝75岁生日。1949年后，这对师生见面不多，但书信往来不断。《柳如是别传》写作过程中的许多资料，都是蒋天枢在上海为老师查找提供的。蒋天枢虽然也是名教授，但他对老师的尊重是发自内心的，这也是年迈的陈寅恪一生莫大的精神宽慰。就是这一次的会面，陈寅恪郑重地托付蒋天枢为自己编一套文集。这无异于一次重大的生命之托。

18年后，蒋天枢以80岁高龄完成了老师的嘱托，而自己的文稿则摆在一旁。文集完成后，出版社为蒋天枢送来1000元稿酬，那时的1000元相当于一个名教授三到四个月的工资，也是一笔不小的酬金了，但蒋天枢把钱全部退回了出版社。蒋天枢教授动情地说："学生给老师整理文稿是不应该收取报酬的。"那时陈寅恪已离世整整12年。至此，什么是师道，什么才是真正的师道，已无须再做任何解释，也无须再讲任何道理。

"独立之精神，自由之思想"——永远的先生！永远的师道！

大师语录

◎ 近死肝肠犹沸热，偷生岁月总蹉跎。

◎ 独立精神和自由意志是必须争的，且须以生死力争。

◎ 华夏民族之文化，历数千载之演进，而造极于赵宋之世，后渐衰微，终必复振。

◎ 兴亡今古郁孤怀，一放悲歌仰天吼！

◎ 结社之首要，在于有共同的崇高理想。有此精神，始能团结巩固，成就事业，造福于民。

◎ 我认为研究学术，最主要的是要具有自由的意志和独立的精神，所以我说："士之读书治学，盖将以脱心志于俗谛之桎梏。"

◎ 学说有错误，这是可以商量的，我对于王国维即是如此。王国维的学说中，也有错的，如关于蒙古史上的一些问题，我认为就可以商量。我的学说也有错误，也可以商量。个人之间的争吵，不必芥蒂。我、你都应该如此。

◎ 唯此独立之精神，自由之思想，历千万祀，与天壤而同久，共三光而永光。

大师影响

◎ 陈先生的学问，近三百年来一人而已。

——傅斯年

◎ 合中西新旧各种学问而统论之，吾必以寅恪为全中国最博学之人。寅恪虽系吾友而实吾师。

——吴宓

◎ 陈师每次上课，必携带要引用的书籍多种，以黄布包裹，拿到教室，放在讲台。遇须引证的重要文句，亦必写在黑板。……进入课室，就提出要讲的专题，逐层阐释，讲至入神的地方，往往闭目而谈，至下课铃响，还在讲解不停，真是海语谆谆，从无倦容。而其风度和声音笑貌，也最为学生所神往。

——罗香林

◎ 每到他家，身上总带几本小册，……先生叫我们喝葡萄酒，我们便问其来历。他于是把葡萄原产何处，原名什么，葡萄酒最早出现何处，称什么，何时又传到何处，一变成为何名，如此这般，从各国文字演变之迹，看它传播之路径。这些话我们都记在小册子里，日久之后，积了不少小册……

——蓝孟博

◎ 我梁某算是著作等身了，但总共著作还不如陈先生寥寥数百字有价值。

——梁启超

大师影响

◎ 读他的文章,听他的课,简直是一种享受,无法比拟的享受。在中外众多学者中,能给我这种享受的,国外只有海因里希·吕德斯,国内只有陈师一人。

——季羡林

◎ 寅恪治史学,当然是今日最渊博、最有识见、最能用材料的人。

——胡适

我读我思,闻道悟道

梁漱溟

1893–1988

大师档案

梁漱溟 蒙古族。祖籍广西桂林,生于北京。原名焕鼎,字寿铭。曾用笔名寿名、瘦民、漱溟。中国著名的思想家、哲学家、教育家、社会活动家、国学大师、爱国民主人士。

梁漱溟6岁入中西小学堂,8岁就读于公立小学堂、蒙养学堂。13岁考入地安门外顺天中学堂。中学毕业后任《民国报》编辑记者,并钻研佛学。

1916年,梁漱溟因在《东方杂志》发表《究元决疑论》,被蔡元培聘请到北京大学任教,为哲学系三年级学生讲授印度哲学概论。1923年9月,在北京大学开设"孔家思想史"课程。1924年,辞离北大,应邀前往山东菏泽任省立第六中学高中部主任,熊十力偕往。1928年,到南京访问陶行知所办晓庄师范学校。同年7月,任广东省立第一中学校长。在广州期间,梁漱溟赴河南考察,研究中国乡村建设问题。1931年1月,赴山东邹平筹办山东乡村建设研究院,任研究部主任、院长,倡导乡村建设运动。1937年,梁漱溟所著的《乡村建设理论》出版。在以后漫长的岁月中,梁漱溟主要做了三件事,一是研究以乡村建设为主要内容的中国社会问题,二是研究人生问题,三是研究孔子学说,推广传统文化。梁漱溟从1966年开始写作《人心与人生》,直至1984年出版。1974年写作《今天我们应当如何评价孔子》并在政协学习会上演讲。1986年,梁漱溟的《东方学概观》出版。1988年6月23日,梁漱溟在北京逝世。

梁漱溟一生著述丰厚,思想深邃,个性独特,心怀天下。由他发起的乡村建设运动,以及山东邹平乡村教育实验,至今都有很强的借鉴意义。

他被称为"中国最后一位儒家"。

大师风范

一代大儒梁漱溟

梁漱溟被学界定义为思想家、哲学家、教育家、社会活动家、爱国民主人士、著名学者、国学大师……这么多头衔,其实梁漱溟最根本的还是思想家。

什么才叫思想家呢?思想家总想探事物于究竟,弄人生于明白,讨社会于说法。思想家往往于痛苦中忽然明白,在怀疑中发现问题。思想家又总是不断地在现实中发现可能,又执着地把可能变为现实,这也是作为思想家的梁漱溟的真实写照。

1916年,上海的《东方杂志》连载了他的文章《究元决疑论》,看看这标题的关键字就会明白,梁漱溟很早的时候就对社会,对人生,对自我,甚至对天地有了自己的思考。蔡元培看到了《究元决疑论》,眼睛一亮——能写出如此有独到见解与分析的文章,此人非同一般。蔡元培向来唯才是举,他邀请梁漱溟到北京大学教印度哲学。一个连大学都没上过,仅仅只有中学文凭的人,怎敢站在北大的讲台上。梁漱溟说自己教不了,但是蔡元培极其诚恳地邀请他,再三劝说,蔡元培甚至说:我们可以一起学,边学边教。这样才说动了梁漱溟。如果说一开始梁漱溟只是一条小溪,蔡元培及他领导的北大则是大海,那么后来汇入大海的梁漱溟也成了大海。他遇见蔡元培,是思想遇见思想,是辽阔遇见辽阔。蔡元培的发现对梁漱溟一生的走向产生了重要的影响。北大的教育生涯，是他学术人生的重要组成部分，也奠定了他哲学家的学术地位。

梁漱溟的另一次触动是遇见一个拉人力车的人。有一天，梁漱溟在街上行走，他看到一个白发老人十分吃力地拉着人力车艰难地向前。老人体力不支，但坐车的人凶狠地催促老人快跑。老人又怕又急，重重地跌倒在地，嘴巴上流着鲜血，连胡子都被染红了。梁漱溟后来回忆道："我的眼里也掉出了泪来。"从此以后，梁漱溟再也没有坐过人力三轮车。一次大街上的偶遇，触动了梁漱溟心底里最柔软的地方。社会的良知，悲悯的情怀，对穷人的同情，难道这些都是个人自身的原因吗？不，这是社会造成的。消除贫穷，首先要改造社会；改造社会首先要开发民智，消除文盲，唤醒人民的自觉。1929年，他遇见了冯玉祥和韩复榘。他们虽然是称雄一方的军阀，但对教育也有开明的一面，于是梁漱溟就具备了把可能变为现实的条件。河南村治学院由此诞生。村治学院设在今天的河南辉县苏门山的百泉镇，梁漱溟担任学院的主任教授和教务长。中国很多的教育大家都曾在这个学院担任要职。梁漱溟雷厉风行，说干就干，学院很快运行起来。1929年冬天学院开始招生，1930年初开学，这个来之不易的办学机会，很快因时局的混乱而陷于停顿。但这也是梁漱溟一次成功的办学尝试，是他用教育改变国人的一次实际行动。梁漱溟说，为什么他连过年都不回家，并不是不想念家，而是中国的老百姓实在是苦，他常常不由自主地心有戚戚焉。让梁漱溟高兴的是，河南村治学院的夭折，并没有让他通过教育改变国人的理想与信念彻底破灭。1931年，韩复榘邀请梁漱溟到山东农村继续办学，未竟的事业柳暗花明，他自然十分高兴。1931年6月15

日,山东乡村建设研究院正式开学,学员来自邹平等 27 个县。为了公平,每个县招收 10 人,共 270 人。这样的教育机构到底属于什么性质呢?它的功能与意义又在哪里呢?这也是作为思想家的梁漱溟的独到之处。怎样改变积贫积弱的中国的现状呢?梁漱溟很想设立民众教育机构,同时让它发挥基层地方组织的作用,让村学、乡学、县学成为政府促进乡村文明的特殊组织,它有着教育和行政的双重作用。教育机构中的教师和校董事会的成员既是乡村的领导人,又是学校的领导人。1932 年,山东乡村建设研究院成立了乡村服务人员指导处,梁漱溟任主任。他组织学院的老师巡回演讲,并为各县的乡村学校编写教材,如《农民识字读本》《识字明理》《文武合一》《中华民族的故事》。当年使用过的课本,被教育史研究专家认为是中国近代第一批成熟的乡村教材。梁漱溟在山东的乡村办学经历让他吃了不少苦头。梁漱溟的传奇之处还在于他少儿时期家境不错,很受父母宠爱,过着衣来伸手饭来张口的生活。但少年时的梁漱溟表现出了思想的深沉,不愁衣食的梁漱溟常常陷入人生的痛苦。他思考着自己的痛苦源头在哪里?他也常常欣赏家中的女工,她们天天只是干着洗衣做饭的辛苦杂活,但脸上总是挂着笑容。梁漱溟自讨苦吃到山东乡村办学,这与他少年时的困惑是否有内在的联系呢?都说梁漱溟是怪人,其实他是圣人,他常常接济有困难的人,乐善好施。他常常以补贴金的理由帮助学生,这是他对穷学生的一份爱心,这样的仁爱之心贯穿于梁漱溟的一生。他的自讨苦吃,不断地去农村办学,也是出于仁爱之心,是更高层次的仁爱之心,那就是担当与责任。他几乎是在用个人的力量去推动中国乡村的进步,所以他不仅办学校,而且发展合作组织并加以推广。他致力于农业的科学改良，建立乡村卫生院，开展文化活动……梁漱溟精心构建的乡村实验模式，引得国内外70多个团体前来参观学习。这大大激发了梁漱溟新的想象，如办乡村农场，办农业研究所。梁漱溟认为，把乡村的建设做好了，乡村民众的素质提高了，中国也就有了希望。梁漱溟的想法是不通过暴力，而通过教育来改变中国，这种思想当然有其局限性，但梁漱溟为社会奔走，谋乡村发展的赤诚之心则天地可鉴。

梁漱溟的人生可称得上波澜壮阔，曲折丰富。唯有乡建运动是他真正付诸实践的行动表现与人生实现。梁漱溟试图用他的乡村建设思想，构建宏大的社会改造实验场，在这个过程中，让中国传统文化与西方文化对接融合，促进中国向现代社会转型，并推动中国现代文明的进程。由于历史的原因与种种的局限，梁漱溟不可能完全实现自己的理想，但他的探索实践，事实上推动了中国乡村建设的发展，也推动了中国现代文明的进程。

梁漱溟的思想复杂多元，独特也统一。梁漱溟出身于书香门第，梁漱溟的先祖为元世祖五子忽哥赤，父亲梁济学养深厚，思想开明，品格清正，两袖清风。父亲谢世时的最后一句话是："国兴不存，我生何用？"这对他的心灵产生了极大的冲击。梁漱溟6岁入中西小学堂，8岁就读于公立小学堂、蒙养学堂，13岁考入地安门外顺天中学堂。可以这样认定，梁漱溟从小受到的教育很多是西方的、现代的，这是梁漱溟少年时代的一段特殊学习经历。梁漱溟从小对苦乐问题的思索让他与佛教结下了不解之缘。佛教是治心的，着力于自己内心世界的修养与净化，这是佛教追求的摆脱痛苦的方法；但后来的实践证明，其实在梁漱溟的心中，儒道佛是不分家的，它们之间各自独立，互不排斥。

有研究者认为，在北京大学教了一年印度哲学后，梁漱溟就开始了由"佛"到"儒"的转变。所谓的转变，只是教学内容上的调整。梁漱溟内心中的信仰是儒道佛三教合一，不过佛教的大慈大悲救人苦难的思想得通过对社会组织的改造去推广，也就是说，治心的佛教要有治世的儒教做支撑。中国的问题归根到底还是要解决社会动荡不安，民众贫弱无助的问题。就如余华笔下的主人公福贵。福从何来？贵在何处？祈祷与愿望，道德与修炼，都不能解决人"活着"的问题。必须改变社会，让"活着"不再"受活"。于是，治世的儒教就成了梁漱溟心中的另一种"圣经"。

从 1918 年 10 月起，梁漱溟就在北大开始对孔子的研究与讲学，1923 年 9 月在北京大学开设"孔家思想史"课程。1928 年春，梁漱溟专门访问陶行知所办的南京晓庄师范学校，同年 9 月在广东发表《请办乡治讲习所建议书》。梁漱溟从著书立说到投身于乡村教育，投身于社会改造的行动转变，可以看出他已将孔子治世的态度及思想付诸实践，这也是梁漱溟把佛教的悲悯情怀化作孔教的实际行动的证明。但这并不代表梁漱溟从此就放弃佛学转向儒学。事实上，梁漱溟最重要的著作之一《人心与人生》，以及《儒佛异同论》，都是儒道佛三教合一的思想。这也是中国文化的特质。如果说马克思主义是中国共产党人的信仰，那么儒道佛三教合一就是中国很多普通人的信仰了。

梁漱溟的一生遇见蔡元培，遇见人力车夫，遇见冯玉祥、韩复榘，从一定的角度看，这些遇见都对他产生了决定性的影响，但要说产生影响最大的遇见，那就是遇见领袖毛泽东。

梁漱溟 31 岁时，辞去北大的教书职位，到中国的农村寻求民族自救的道路，毛泽东年轻时也发出过"问苍茫大地，谁主沉浮"的感慨。这是因为他们看到了中国人民的苦难和中国的贫弱，都有胸怀天下的豪情。梁漱溟常年为社会呼吁奔走，居无定所，无暇顾及家庭，两个儿子都寄居于亲戚家。毛泽东为了革命也是四处漂泊，无法照顾家庭，以致儿子失踪，妻子被害。梁漱溟与毛泽东在性格上也有相互欣赏之处。梁漱溟的辽阔而率直，毛泽东的豁达与幽默，梁漱溟与毛泽东早在1918年在北大就认识了，地点就在北大教授杨昌济（杨昌济即杨开慧的父亲）的家中。不过梁漱溟那时已经很有名气了，是北京大学哲学系的讲师，而毛泽东只是北京大学的图书管理员。梁漱溟在延安与毛泽东相处半个月，长谈了八次，有时通宵达旦。梁漱溟评价毛泽东："古时诸葛公称关美髯曰逸群绝伦，我今亦有此叹。他不落俗套，没有矫饰，从容、自然而亲切。"梁漱溟后来在思想观点上与毛泽东产生了分歧，但这并没有完全割裂两个老朋友的情感。梁漱溟后来受到的政治冲击，当然与毛泽东对他的一些不满有关，但梁漱溟受冲击后也得到了一定程度的保护。毛泽东并没有完全忘掉这位老朋友，毛泽东的一句"我同梁漱溟比较熟"，也许就是对梁漱溟的保护。

1974年9月23日，在批判梁漱溟的会议上，主持人问他的感想，梁漱溟脱口而出："三军可以夺帅也，匹夫不可夺志也。"无论是五四运动前后的一片反孔声，还是"文化大革命"后期中国大地上的一片讨孔声，梁漱溟都坚信以儒家学说为根本的中国文化，是人类文化的理想归宿。他临终前依然认定：世界未来的文化就是中国文化的复兴。梁漱溟作为中国的最后一位大儒，当之无愧。

大师语录

◎ 我生有涯愿无尽，心期填海力移山。

◎ 在未曾回头看而自然有的郑重态度，即儿童之天真烂漫的生活。儿童对其生活，有天然之郑重，与天然之不忽略，故谓之天真。真者真切，天者天然，即顺从其生命之自然流行也。

◎ 逐求是世俗的路，郑重是道德的路，而厌离则为宗教的路。

◎ 一个人缺乏了"自觉"的时候，便只像一件东西而不像人，或说只像一个动物而不像人。

◎ 虽然是粗浅的事情，如果能集中整个精力来做，也都能做到精微高深的境界。

◎ 许多青年为个人出路发愁，一身私欲得不到满足，整天怨天尤人、骂世，这种人最无出路，最无办法。

◎ 道德是最深最永的趣味，因为道德乃是生命的和谐，也就是人生的艺术。

◎ 中国的问题，并不是什么旁的问题，就是文化失调——极严重的文化失调。

◎ 情贵淡，气贵和，唯淡唯和，乃得其养；苟得其养，无物不长。

大师语录

◎ 人始终要在与人相关系中生活,人不能脱离人而生活,人不能离开人而生活。所以怎么把人与人的关系搞好,是个重要的问题。

◎ 师生之间切不要使之落于应付,应常常以坦白的心相示,而求其相同。

◎ 所谓坦白,就是指自己力量尽到而言;虽然自己有短处,有为难处,也要照样子摆出来。如果力量没尽到而搪塞饰掩,这是虚伪;如果力量没尽到而把懒惰摆出来给人看,这便是无耻。这两者是毁灭生命的凿子。

◎ 集中精力,多用心思,去掉懒惰。

◎ 即事即学,即学即事,不必太分别他而固执一偏。

◎ 乡村建设也就是民众教育。民众教育不归到乡村建设就要落空,乡村建设不取道于民众教育将无办法可行。

大师影响

◎ 梁先生是一个爱寻求一条"准道理"的人,是一个"始终拿自己思想作主"的人。

——胡适

◎ 最后的儒家。

——艾恺

◎ 放着北大教授不做,梁漱溟居然去进行乡村建设的尝试,这是很不容易的。因为在他看来,儒家的义理不是在课堂谈谈就可以,而是要在生活中特别是乡村生活里去实践的。

——许纪霖

◎ 我正是从梁先生做学问和他的为人中,看到了一个思想家之所以成为思想家的缘由。他的思想永远是活的,从不僵化;他可以包容各种学科,各种学说,从前人用心思得到的结果中提出新问题,进行新思考,产生新学问。环顾当今之世,在知识分子中能有几个人不惟上、惟书、惟经、惟典?为此舞文弄笔的人也不少,却常常不敢寻根问底,不敢无拘无束地敞开思想,进行独立思考。可见要真正做一个思想家,是多么的不容易。正因为是物以稀为贵吧,我对梁先生的治学、为人,是一直抱着爱慕心情的。

——费孝通

大师影响

◎ 钩玄决疑,百年尽瘁,以发扬儒学为己任;廷争面折,一代直声,为同情农夫而执言。

——冯友兰

◎ 在梁漱溟身上看见了甘地。

——马歇尔

我读我思,闻道悟道

叶企孙

1898–1977

大师档案

叶企孙 上海人。名鸿眷。物理学家，教育家，中国近代物理学奠基人，中国物理学界的一代宗师。

1898年7月16日，叶企孙出生于上海一个书香门第，在父亲的严格教育下，资质俊秀的叶企孙小小年纪便修得一身儒雅气质。

叶企孙9岁入由父亲主持的上海敬业学堂读书。1911年，进清华学堂（其后设立的大学部就是现在的清华大学）。当时未满13岁的叶企孙是清华学堂的第一批学生。1918年，叶企孙被录取为"庚子赔款"留学生，入美国芝加哥大学物理系学习。1920年，获理学学士学位，同年9月，入哈佛大学研究院学习。1923年，获哈佛大学哲学博士学位。1925年到1933年，先后任清华大学副教授，物理系主任、教授，理学院院长。1945年，任西南联大理学院院长。1948年，当选为中央研究院院士。1949年5月，在清华学人的一致拥戴下，叶企孙被任命为清华大学校务委员会主任，履行校长职责。1955年，当选为中国科学院学部委员。"文化大革命"期间，以莫须有的罪名遭受批斗和关押，身心遭到严重摧残。1972年，恢复教授待遇。1987年2月26日，《人民日报》发表文章，深切怀念叶企孙教授。1990年，清华大学设立"叶企孙奖"。1995年，叶企孙铜像在清华大学第三教学楼的门厅内揭幕。

叶企孙被称为"中国科技的基石""大师的老师"。

大师风范

大师之师叶企孙

叶企孙是谁？我们本该知道他，因为他是杨振宁、李政道、钱学森的老师。

叶企孙是谁？共和国不能忘记他，因为他是中国科学技术的基石，他是科教兴国的先驱，他是新中国科学技术长远发展规划工作的重要参与者。

叶企孙是谁？中华民族不能忘记他，23位"两弹一星"的功臣中，有一半以上是他的学生，如王淦昌、钱三强、王大珩、邓稼先。他亲手创办了清华物理系，李政道评价其发展速度和发展水平可与美国加州理工学院媲美。叶企孙门下先后走出了79位院士，他被称为中国近代最厉害的教育家。

叶企孙出生于上海，13岁考进清华学堂，20岁经考试被录取为"庚子赔款"留学生，公费留学美国。先入芝加哥大学，获理学学士学位，后获哈佛大学博士学位。在美国求学期间，他的导师是诺贝尔物理学奖获得者里奇曼教授。叶企孙的研究成果普朗克常数测定被国际物理学界沿用16年之久，那一年他23岁。之后，他又在高压磁学的研究上作出了开创性的贡献，找到了磁感应强度变化百分比与压强、磁场强度之间的定量关系。他还对高压磁性进行理论分析，让结论与实验结果定性相符。他本可在美国继续进行物理学研究，前途无可限量，甚至会和他的老师里奇曼教授一样，最终获得诺贝尔物理学奖，但他还是回到了祖国。

叶企孙27岁开始在清华大学执教，物理系第一届学生只有4人，第二届只有2人，第三届只有1人。一、二、三年级都是他一个人教，所有的课程都是他一个人开，中国的物理教学、物理研究也就是从那时开始的，谁也没有想到清华大学物理系后来会如此辉煌。那时的叶企孙单枪匹马，多么的孤立无援。仅仅十年时间——从1926年到1937年，叶企孙先后为物理系和理学院聘请到熊庆来、吴有训、萨本栋、张子高、黄子卿、周培源、赵忠尧、任之恭等一批知名学者与科学家。叶企孙是如何做到的呢？著名科学家钱伟长说："叶企孙是真正的为国为民，他高尚的人格吸引了很多的人才。"

在叶企孙诞辰120周年纪念会上，很多著名科学家回忆了叶企孙呕心沥血为学校发展所做的点点滴滴，许多事迹都成了清华校园的美谈，一代一代传了下来。比如他的求贤若渴与爱惜人才——他请吴有训到清华任教，那时吴有训在中央大学（即现在的南京大学），叶企孙认定吴有训是难得的物理学人才，一是诚挚邀请，二是把吴有训的工资级别定得比自己高。这件事情别人都不知情，吴有训知道后十分感动，他那时还只是个普通老师。1934年，叶企孙又引荐吴有训接替自己担任物理系主任。四年后，他又力主吴有训接替自己任理学院院长一职。

聘请华罗庚来清华任教不是没有反对声，华罗庚只有中学文化，怎能教大学生？但叶企孙顶住压力，坚持聘华罗庚来清华教授微积分课程。现在清华大学还保留着1935年6月叶企孙为聘华罗庚为名誉教员致校长梅贻琦的函件。

如果说聘请吴有训、华罗庚是因为叶企孙求贤若渴，那么培养李政道则是因为珍惜人才。

1945年，叶企孙为西南联大物理系大二年级学生上电磁课，发现有一名从浙江大学转来的插班生叫李政道，他虽然从不缺课，但上课时总低着头看自己的书，于是叶企孙就有意无意地提问他，他总能对答如流，条理与逻辑清晰，表现了出类拔萃的理论水平。

从此，叶企孙对这个不到20岁，一脸稚气的浙大转学生格外关注。有一次，叶企孙走到李政道面前问他正在看的是什么书，李政道把书递给老师，原来是一本电磁学高级教程。叶企孙不无惊奇地对李政道说："以后你不要来上我的课了。"因为叶企孙对李政道的学习潜能与发展前途已经有了一个基本的判断，认为像这样的学生再与其他学生一起听课，无疑是浪费时间。李政道听了老师的话，有点发愣。但叶企孙补充说："实验课你不能缺，实验非做不可。"那一年，在李政道求学生涯中十分难忘，那么好的老师对自己竟然不"友好"起来。李政道的电磁学理论考试明明是满分，怎么扣掉了两分？老师的理由是："你的实验成绩不行，所以要扣两分。"原来李政道虽然理论考试满分，实验成绩却只有25分（满分为40分）。叶企孙在李政道的试卷上写了58＋25＝83。这份83分的试卷至今都保存在清华大学的档案中。老师对学生的这份苛刻，想必当时李政道的心中会有些不平。 1946年春，国民政府委托几位名教授推荐两名助教到美国读博士，吴大猷推荐了西南联大的助教朱光亚，叶企孙则推荐了李政道，那时李政道可不是什么助教，仅仅是一个年仅19岁的大二学生。其实，李政道到了美国仍然存在学历不够的问题，于是叶企孙与吴大猷再次举荐，当年秋天，李政道才得以进入芝加哥大学学习。1998年,李政道应邀参加上海敬业中学纪念叶企孙100周年诞辰大会,这位获诺贝尔奖的科学家动情地说:"叶老师说我的实验不行,绝不能给满分。老师的这番话给我的印象极深。叶老师不仅是我的启蒙老师,而且是影响我一生科学成就的恩师。"

叶企孙爱惜人才,也懂得因材施教。王淦昌是我国核科学的开拓者与奠基人,"两弹一星功勋奖章"获得者。叶企孙的侄儿、中科院院士叶铭汉在纪念叶企孙120周年诞辰座谈会上提到一件趣事。王淦昌原来是学化学的,有一次叶企孙提了一个问题,王淦昌回答得非常好,叶企孙慧眼识才,发现了王淦昌的物理才能,于是就动员王淦昌改学物理。我们中国的核工业有今天的水平,王淦昌作出的特殊贡献不言而喻。同时,也不得不让人想起叶企孙发现与培养人才所做的贡献。

叶企孙对学生有严厉的一面,比如对李政道实验成绩的判分;但他也有亲切的一面。我国第一台原子钟研制者、波谱学研究开拓者、著名科学家王义遒是1951年进的清华,他回忆道:"我当时是大一的学生听大三的课,与叶企孙并没有多少交道。有一次我们几个同学正在复习功课,叶老师看到后对我们说:'星期天你们还在用功啊?我请你们打牙祭,到莫斯科餐厅聚吧!'"那时叶企孙有一个习惯:摆上茶点,把学生请到家里来,一边喝茶,一边与学生谈心。除了问学习外,还经常问学生家里的情况。在著名科学家、诺贝尔奖获得者杨振宁的印象里,叶企孙说话声音低低的,显得十分低调,但他在师生中很有威信。正如一位诗人所描述的:他就像一位动人的歌者,无论他唱还是不唱,都能让人感到生命的温暖与感动。叶企孙终身未娶,唯与学生亲近,善待学生,亲厚学生,唯独不考虑自己。那是 1938 年，有一个叫熊大缜的学生突然对老师说要去冀中抗日，老师明知学生在河北没有亲人熟人可以依靠，但是国难当头，老师没有理由不让学生去。熊大缜在抗日前线需要军用物资，叶企孙冒着危险千方百计地为自己的学生在后方收购前线急需的雷管炸药。战争中，熊大缜被怀疑是汉奸，遭秘密逮捕，最后含冤而死。不料"文化大革命"期间，叶企孙因帮助学生采购抗日军用物资一事受到牵连，以莫须有的罪名被关进了监狱。后来看到过提审记录的人说，在狱中一年半的时间内，叶企孙始终只有一句话："我是科学家，我是老实的，我不说假话。""文化大革命"的磨难严重地摧残了叶企孙的身体，不久，他出现了幻觉，身患重病，小便失禁，双腿肿胀，难以站立，整个身子弓成 90 度。

他的侄子看到叶企孙如此惨状，阵阵悲凉袭来，但侄儿说叶企孙从来没有跟任何人说过自己的悲惨，好像这个世界上和历史上受冤枉的人很多，没有必要感叹自己的人生。

叶企孙对学生好，对同事好，对他人好。他总是为别人着想，这样的善良就是在他最悲惨的境遇中也没有丢失。他从监狱中出来后，北京中关村一带的人经常能够看到一个人穿着一双帮裂头缺的破棉鞋来回走着，偶尔会伸手向小摊主要一个水果。那时的叶企孙已经神志不清了，生活无人照顾，实际上已处于绝境了。待神志稍稍清醒后，当遇到有人主动打招呼，他马上会说："赶快离开！赶快离开！"他怕别人受到他的牵连而倒霉。让人印象最深的一次是，著名科学家钱三强在中关村的马路上偶然遇见叶企孙，学生见到老师怎么会不打招呼呢？钱三强刚一问候，叶企孙马上摇手示意钱三强赶快离开，嘴里还说着："以后见到我，就不要再理我了，要走得远远的。"学生钱三强懂得老师的用意，当时钱三强是原子弹工程的主要负责人，老师生怕学生因政治上同不可靠的人来往而遭遇不幸。

叶企孙是科学家，也是中国人眼中真正的君子。叶企孙的父亲曾在清华大学教国学，叶企孙深受中国传统文化的熏陶。叶企孙是教育家，他的教育方法，他的为人师表，他的教育成就，无人能出其右。叶企孙也是一位校长，1949年，他是清华大学的校务委员会主任，是清华大学实际上的负责人，履行的是校长的职责。在叶企孙诞辰120周年纪念大会上，"关于创建世界一流大学"的讨论，清华的一位教授说：叶企孙早已用自己的办学实践告诉了今天的大学校长什么是真正的一流大学，怎样才能办成真正的一流大学。

叶企孙所存著述不多，但他的每一句话、每一篇文稿都是精品。早在1929年，叶企孙在《中国科学界的过去、现在和将来》一文中写道："有人怀疑中国民族不适宜研究科学，我觉得这些论调没有根据。中国在最近期内方明白研究科学的重要，我们还没有经过长期的实验，还不能说我们缺少研究科学的能力。唯有希望大家共同努力去做科学研究，50年后再下断语，诸君要知道，没有自然科学的民族，决不能在现代立脚得住。"这是多么的令人深长思之啊！叶企孙在那个年代就立下宏愿，一是把中国人不如人的心理改变过来；二是中华民族的伟大复兴一定要有自然科学研究作为强大的支撑。中国虽然经历过不少折腾，但叶企孙的愿望正一步一步得以实现，放在全球的范围内，现在中国的科学技术是最接近世界水平的时代，中国人正迎头赶上。

生于1898年的叶企孙在1977年走完了他全部的人生历程。他独自一人，一直没有成家。这让人想起著名作家梁衡的散文名篇《大有大无周恩来》，叶企孙不也是如此吗？他没有自己的子女，更没有为谁留下财产，从物质上看，他一无所有。但他有常人无法企及的巨大的精神财富。他有那么多的学生成为院士，堪比美国加州理工大学的清华大学物理系的辉煌，自然科学研究的种子长成了一棵棵参天大树……这位"大师的老师"生前当然没有想到今天科学界、教育界是如此地怀念他——他的文化修养，他的社会担当，他的自由灵魂……他是清华校园永远的精神标高和教育丰碑！

大师语录

◎ 在一个现代国家中，每个人都应该重视科学，提倡研究的精神，使科学能够有日新月异的进步，那这个国家便没有不强盛的了。

◎ 一个进步的现代化国家，必须要有一种完备的组织，而完备组织又必须仰赖于合理的科学的严密管理。

◎ 有人怀疑中国民族不适宜于研究科学。我觉得这些论调太没有根据。中国在最近期内方明白研究科学的重要，我们还没有经过长时期的试验，还不能说我们缺少研究科学的能力。唯有希望大家共同努力去做科学研究，50年后再下断语。诸君要知道，没有自然科学的民族，决不能在现代立脚得住。

◎ 我教书不好，对不住你们。可是有一点对得住你们的就是，我请来教你们的先生个个都比我强。

◎ 既重格致，又重修身，以为必以西方科学来谋求利国利民，才能治国平天下。

◎ 我是科学家，我是老实的，我不说假话。

◎ 学校之所以成学生之道德，进学生之知识者，管理也，课程也。学校之用以引起学生兴味心，练习学生治事力，以辅助管理课程之不逮者，则会社也。会社之关系教育，如此其重且大。故会社之设立，不可不急。而会社之组织，尤不可不慎。

大师影响

◎ 叶先生一辈子大公无私，从不为个人考虑。他终身不娶，视学生如儿女，对所有青年的关系都非常亲切。他不仅向学生传授知识，而且以身作则，以实际行动影响了大批科学工作者，团结大家，协力做好工作……我们怀念他，他的朋友和学生自愿捐款设立这个奖。我们都不是有钱的人，这笔奖金的钱很菲薄，但是，它代表一种心意，是一种很高尚的精神力量，可以鼓励青年学生奋发上进。我们要把叶先生那种伟大的人格、真正为国为民的品德继承下来。

——钱伟长

◎ 叶企孙先生为中国物理学研究与理科教育、科学事业和教育事业的发展，作出了突出的贡献。叶企孙对国家"突出的贡献"，尤其表现在"两弹一星"方面。

——周光召

◎ 叶先生做人真诚正直，不温不火。无论在任何情况下，他从不哗众取宠，也绝不趋炎附势。……他有一颗诚挚的爱国之心。只要是对国家民族有利的事情，他就一定要倾尽自己的全力去做，而且无怨无悔。

——王大珩

◎ 企孙先生善于在他领导的工作范围里创造一种非常和谐团结的气氛，一种非常高尚的人际关系，这是我在清华大学任教期间感受很深的。大家在学术上自由争论，无门户之见，相互尊重，服从于真理；在工作上齐心协力，真诚团结，为共同的理想而奋

大师影响

斗、拼搏；在生活上彼此关心，欢乐与共，和睦相处；师生之间敬老爱幼，亲密团结，犹如一个大家庭，学生离校几十年后还是保持这种亲密的关系。企孙先生在其中起着核心和典范的作用，以身作则，心口如一，言行一致，对清华大学、对物理学界、对科学界和高教界都产生了很大影响。

——赵忠尧

◎ 我回忆起叶先生1959年在纪念意大利物理学家托里拆利诞生350周年的报告中的一段话："今天我们纪念托里拆利……应该学习他那种热爱科学、热爱真理、坚持不懈，把自己的劳动贡献给劳动人民的精神。"这实质上也是叶先生的精神。我还想起屈原《橘颂》中的两句话："苏世独立，横而不流兮。闭心自慎，终不失过兮。"可以恰当地颂赞叶先生的高尚道德品质。

——钱临照

◎ 道及叶企老，不觉泪盈眶。

——华罗庚

◎ 叶企孙先生是我国老一辈物理学界的一代宗师。

——陈岱荪

我读我思，闻道悟道

吕凤子

1886–1959

大师档案

吕凤子 江苏丹阳人。中国近现代著名画家、书法家和艺术教育家，职业教育的重要发轫者。"江苏画派"（即"新金陵画派"）的先驱和最重要缔造者之一。

吕凤子15岁考中秀才，曾在苏州武备学堂和南京两江优级师范学堂图画手工科学习。1909年毕业于南京两江优级师范学堂图工科。曾任两江师范附属中学教师、北京女子高等师范学校教授兼专科主任。

1912年，吕凤子创办正则女子职业学校。1919年起，先后任上海美术专科学校教授兼教务主任，江苏省立第六中学校长，中央大学（即现在的南京大学）艺术系国画组主任、教授，兼大学研究院研究员。日军侵占丹阳后，吕凤子率丹阳正则女子职业学校的部分教师内迁四川，并创办正则艺术专科学校，后受教育部委派任璧山青木关国立艺术专科学校校长。1940年任国立艺术专科学校校长。1953年任江苏师范学院图画制图系主任，兼中央美术学院民族美术研究所研究员。这期间多次谢绝学生徐悲鸿邀请他到中央美院任职的好意。1958年任江苏省国画院筹备委员会主任。

吕凤子艺术成就很高，但对名利看得很淡。他是与齐白石、徐悲鸿齐名的画家，却历尽艰辛，散尽家财办学校。他从事教育工作长达五十年，被誉为中国美术界的"百年巨匠"。他培养了朱德群、吴冠中、李可染、刘开渠、王朝闻等一大批当代中国美术大家。大画家潘天寿在吕凤子门下工作并得到了吕凤子的指点与培养。吕凤子也是唯一一位被苏联列为"人民艺术家"的中国画家，并在巴拿马获国际金奖。

他为中国的美术教育事业奋斗了一生。

大师风范

美在艺术吕凤子

张大千无人不知，吕凤子默默无闻。就是这个张大千在一次聚会上说：吕凤子的才华真高，但是他生性很淡泊，简直到了不食人间烟火的地步，要是他稍微重视一下名利，他的名气会大得不得了。张大千说"古人不求名声，不较胜负，不恃才智，不矜功能，故通体皆是道义"，这句古语用于吕凤子身上正合适，它当是吕凤子的精神写照。

近年来，不断有文章见诸报刊，认为在中国美术史上，吕凤子的价值被严重低估。艺术界很多人似乎是在为吕凤子鸣不平。九泉之下的吕凤子已不可能知道，如果吕凤子真有知，一定会淡然一笑——当下的人想多了，自己所做这一切，压根就没有想到什么价值的高估低估。当下的人发出这样的感慨甚至呼吁，大凡都是因为绘画作品，特别是名家的绘画作品不菲的市场价格。那些动辄过百万千万甚至过亿的绘画作品搅动了许多人的心绪，搅动了市场与炒作，当艺术品被金钱与名利绑架，艺术价值也许早就荡然无存了。连张大千这样的大艺术家都不无感慨，像吕凤子这样的艺术家少之又少。恰恰在这一点上，吕凤子体现了一个真正的艺术家的内在品质——艺术的创新与品格的清正之完美统一。

生于 1886 年的吕凤子被称为"江东名士"。1901 年，天资俊秀的吕凤子一举考中秀才，同时录取的还有后来成为集文学家、史学家、书法家、文字学家于一身的艺术大家、学问大家、南京大学文学院院长胡小石。两人并称"江南才子"。

吕凤子少年时就崇拜历史上的爱国英雄，每每谈到屈原、辛弃疾的诗词，便热血沸腾。吕凤子面对八国联军攻陷北京，清廷签城下之盟，被迫偿付庚子赔款 4.5 亿两白银，丧权辱国的屈辱之情与救国救民的忧患之心常常涌动于他的胸中。于是，吕凤子便弃文从武，18 岁考入苏州武备学堂，精研武术，为的是"兴我中华"。

吕凤子走上绘画艺术之路是因为他就读于李瑞清开办的南京两江优级师范学堂图工科。李瑞清是著名的教育家、美术家、书法家，他十分器重吕凤子。而两江优级师范学堂又采取中西合璧式的教育方法，吕凤子受到西方现代艺术的熏陶，加上深厚的国学底子，吕凤子有了全新的艺术视野。在 20 世纪，吕凤子的艺术成就比徐悲鸿、齐白石、张大千还要高。在抗战时期的一次全国美术展览会上，吕凤子的《四大罗汉》获得唯一的金奖，吕凤子也是唯一一位被苏联称为"人民艺术家"的中国画家，并获巴拿马国际绘画艺术金奖、巴黎国际美术展览金奖。这样我们就不难理解，为什么近年来会有那么多人为吕凤子鸣不平。在一篇题为《不该被遗忘的绘画宗师吕凤子》的文章中，作者以吕凤子所创作的《梅花水仙》《罗汉》《仕女图》《松隐高士》等作品为例，分析了吕凤子画作的思想内容与艺术特色。如吕凤子的人物画，集西方油画与中国顾恺之等传统绘画之长，结合自身扎实的写实能力与篆书功底，其线条的流畅、清新，形似中的神似，使得作品于写实中又有象外之象之高远、辽阔境界。吕凤子以独树一帜的艺术特色,为处于世纪之交的中国绘画吹来了一股清新之风。

艺术的美感与思想性从来都不可分离。凡震撼人心、引人共鸣的作品,一定有它的思想来源。吕凤子少年时期的爱国热情,在他的作品中得到了淋漓尽致的表现,《流亡图》《纤夫图》《如此江山》等都彰显了他深深的民族情感和人民情怀。他为什么对罗汉题材情有独钟?是因为吕凤子心存悲悯,对人世间的痛苦,对人民遭受的苦难怀有同情。罗汉在吕凤子的笔下,常常是救人于水深火热之中的精神化身。吕凤子的作品之所以能在巴拿马获中国唯一的金奖,是与作品中表现出来的深沉思想与宽广情怀分不开的。吕凤子也被誉为"东方的米开朗琪罗"。这样一位在当时画坛上具有重大影响力的人物,为什么并没有像有些画家那样名声显赫呢?主要还是因为他本人淡泊名利,也从来没有把自己当作职业画家看待。吕凤子一生最着力的事情还是美术教育,绘画只是为他从事美术教育提供了专业的支撑和条件。用自己的一生为中国的美术教育奋斗,才是吕凤子人生最重要的价值。

1910年,吕凤子在上海创办神州美术院,神州美术院是中国最早的现代美术学校之一。吕凤子还担任过国立艺术专科学校的校长,国立艺术专科学校是中央美术学院的前身。朱德群、吴冠中、李可染、刘开渠、王朝闻等艺术大师都是吕凤子的学生。吕凤子曾免费教徐悲鸿学习素描。徐悲鸿到中央大学艺术系任教授也是吕凤子推荐的,所以徐悲鸿一直恭敬地称吕凤子为老师。著名国画家钱松喦的女儿钱心梅曾回忆道:"我父亲在世的时候,对现代画家中最推崇的就是吕凤子先生。说他画品极佳,人品极佳。"因此钱松喦把自己唯一学画的女儿送到江苏丹阳,因为那里有吕凤子办的学校。吕凤子的一生，有人说他曲高和寡，因为他的艺术作品太过奇崛，也有人说他不食人间烟火，他没有自我只有忘我，名利二字在他的心里是一点不沾边的。那个时代的画家，不管名气多大，对吕凤子都十分敬重。钱松嵒有一次亲自送女儿去上学，正好见到吕凤子从校园里走出来，钱松嵒对女儿说："这是吕凤子先生，我们上前去请安吧。"

吕凤子在艰难的办学路上留下了许多值得传诵的佳话。

一是捐献家产办学。

吕凤子的父亲在上海开过钱庄，家中积累了不少资产，吕凤子的母亲为大家闺秀，知书达礼，十分善良。1912年，她将儿子从南京召回丹阳，语重心长地说："旧时女子接受教育的机会很少，你应该回家办一所女子学校，向她们传授学问与技艺，让她们有自食其力的能力。"吕凤子按照母亲的叮嘱，慷慨捐家产，在县城中心白云街创办了丹阳唯一的女校正则女子职业学校，所以吕凤子还是中国职业教育的开拓者。正则女校以职业教育为主导，传授绘画、刺绣和养蚕之技艺。学校开办不久，孙中山来到上海，组织同盟会，策划武装起义，吕凤子的父亲捐出了一笔不小的钱财。孙中山特邀吕凤子到上海，诚恳地对他说："我安排你到政府任职，不知意下如何？"孙中山的本意是报答吕凤子父亲吕守成对革命的资助。此时吕守成已去世，安排儿子吕凤子到政府任职当在情理之中。但吕凤子表示自己是一介书生，志向不在做官；在家乡所办的正则女校刚刚起步，一时难以分身。孙中山称赞吕凤子笃志办学，精神可嘉，救国之道，也离不开教育，教育乃长远之计。孙中山对吕凤子说："今后有什么事，遇到什么困难解决不了，可来找我。"并嘱咐一名卫士陪吕凤子在上海观赏。吕凤子无心游览，很快就向孙中山辞行，赶回丹阳，忙于正则女校的校务。

丹阳正则女校经吕凤子的呕心沥血，规模逐渐扩大，声誉也越来越好，学校从幼稚园一直办到大专艺术科。吕凤子带领学生边生产边学习，既锻炼了学生的能力，又有了一部分办学经费，他在职业教育的办学模式上有很多的创新。而吕凤子本人则粗茶淡饭，常年只穿布衣布鞋，被师生们称作"布衣校长"。经吕凤子的努力，正则女校还建立了一套完整的艺术教育体系，这些都对后来的中国教育发展起到了开创与引导的作用。

二是历尽艰险蜀中办学。

1937年，日本全面侵华，丹阳虽属江南小城，但它离南京很近，距上海不远，也难逃沦陷之厄运。吕凤子带领正则学校部分师生选择了一个偏僻之地璧山，在那里开办了正则职业学校蜀校。璧山距重庆50多公里，十分偏远，经常发生抢劫事件。一天深夜，一群歹徒破门而入，把吕凤子家中的财产洗劫一空，还把光着脚的吕凤子绑起来押出家门，幸亏有人及时报告了附近驻军，驻军出动一队士兵，高举火把对劫匪紧追不舍，慌乱中的劫匪四处逃散，吕凤子才幸免于难。吕凤子仰天哀叹："没有国哪有家，国破家亡，此恨难消！这些人不参加抗战，却乘人之危打劫，令人痛恨。"不久，吕凤子举家迁往江津，新家离中国共产党重要创始人、新文化运动开创者、著名学者陈独秀的住地不远。晚年的陈独秀生活困苦，艰难度日，但他拒绝与蒋介石合作，表现出了中国传统文人的气节。在这一点上，陈独秀与吕凤子的感情和思想是相通的。吕凤子在北京女子师范大学执教时就与陈独秀相识，两人在重庆住得如此之近，也算是机缘巧合。他们相谈甚欢，话题总不离艺术和教育。陈独秀说："在这国难当头的时候，吕先生能继续坚守教育阵地，传播文化艺术，让愚昧的同胞看到光明，实属难得。"

陈独秀所言极是，确实难得。吕凤子仅正则蜀校的事务已相当繁重，不料时任国民政府教育部部长的陈立夫邀请吕凤子出任国立艺术专科学校的校长。这所学校由国立杭州艺专和国立北平艺专合并，由于校长的人选问题，两年都开不了学，它正应了当下办学的一句调侃之语："大师好挖，校长难求。"这也符合那时的实情。求得一位好校长，比求得一位好教师还要难。陈立夫贵为部长却放下架子，亲自登门拜访，当面请吕凤子担任国立艺专校长一职。陈立夫对吕凤子说："吕先生德高望重，有资格担当此任。"吕凤子向来不愿攀附权贵，见陈立夫如此诚恳，便勉强答应，但提出——教育部不发委任状，教育部不干涉学校的用人权，不参与每周一上午"国父礼拜"活动等五个条件，否则就不接受聘请。陈立夫全部答应。从此吕凤子更加辛苦，吕凤子实际担任两所学校的校长，跑一次学校要步行将近20公里。虽然苦不堪言，但民族危难之际，国家存亡之时，出于对教育的担当与责任，吕凤子毫无怨言。

三是将举办个人画展所得全部用于办学。

1940年春季，张大千远道而来，专程到重庆璧山看望吕凤子。张大千知道吕凤子最缺的就是办学经费，他先劝吕凤子，为什么自讨苦吃，卖画可以养家糊口，为什么不这样呢？张大千又改口说，自己无钱助他办学，但可助他去成都办画展。吕凤子一鸣惊人，筹得了一大笔款项，但吕凤子一分不留全部用于办学。张大千从此更加佩服吕凤子"一心办学，为人师表"的境界。艺术家的艺术水准也许各有千秋，但艺术家的思想境界与生命品格则有高低。

吕凤子的道德操守，不仅是艺术界，社会各界都十分认可。

1940年初，王若飞的舅舅黄齐生参加革命受到迫害，逃难到重庆，吕凤子不怕牵连，聘他为文史教授。接着，吕凤子发动师生作画数百幅，包括他本人的好几幅画，由黄齐生带到延安。毛主席连连称赞，并请黄齐生回四川时转送一条毛毯给吕凤子。

中华人民共和国成立后，徐悲鸿出任中央美术学院的院长。他多次邀请老师到中央美院任教授，吕凤子一方面表示感谢，另一方面告知徐悲鸿自己已在江苏师范学院（现苏州大学）任教，就不去中央美院了。吕凤子的淡泊名利可见一斑。现在已经很少有人知道徐悲鸿17岁在上海谋生时曾得到吕凤子的关照。后来徐悲鸿取得了巨大的艺术成就，觉得自己的国画艺术还得学习提高，于是又一次请吕凤子当起了自己的老师。吕凤子说，你的成就已经很大，我怎敢教你呢？徐悲鸿说：你若不愿教，那我们就算亦师亦友吧。徐悲鸿后来回忆说，他从吕凤子那里学到了很多国画艺术的精髓。这也表现在徐悲鸿的奔马图中，很多艺术评论家都能看出那俊逸奇崛劲健的姿态中糅入了吕凤子的笔墨特征。

中华人民共和国成立后，吕凤子真心实意拥护共产党的领导，他创办的正则学校全部转交人民政府公办。他晚年最重要的一件事情就是参与江苏国画院的筹建工作。1958年，他任江苏国画院筹备委员会主任。由于吕凤子的参与、筹划、推动，江苏画派迅速形成，同时，他花费两年多的时间撰写了《中国画研究》一书。该书是他根据自己长期积累的创作经验和研究成果而做的画学总结，对数千年中国画的基本原理、特征、方法进行了系统的梳理、剖析，是一部带有个体创作与经验总结特征的美术理论著作，这一著作的问世，对促进新时期江苏画派艺术风格的形成、发展与成熟，也起到了不可替代的作用。

吕凤子说自己的一生只做三件事：绘画、教书、办学。升官，有的是机会，但吕凤子不要；发财，本已家财万贯，只因捐献办学而家财散尽；名气，在淡泊明志的吕凤子身上不起任何作用；唯有心系大众、德泽天下才是自己的追求。其实，我们现今为吕凤子"抱不平"，吕凤子是绝不会这么想的，这恰恰也促使我们反思：今天文艺界的人，包括一些名家，他们与吕凤子的区别到底在哪里？距离到底有多远？也许这才是我们怀念、纪念吕凤子的最好方式。

吕凤子的艺术之美更多地体现于教育之美，思想之美，心灵之美，境界之美。

大师语录

◎ 人活着就要热爱劳动，劳动不是苦，它会使你获得生的乐趣，成为一个有用的人，不劳动的人，他的身心就会腐朽，就会失去生的价值。

◎ 我们现在提倡美育，便是要构成社会的任何个人都能各尽其变，各竭其能。

◎ 生的法则为真，生的意志为善，生的状态为美。

◎ 美在异，美在一切生的谐和幻变。

◎ 教育是人间活动最后有组织的活动。人间活动凡有组织有目的的都叫作事或业。人间事业无不直接间接受教育的影响，即都曾受教育来。

◎ 怎样便可顺利地达到教育目的？有一件事必先做到，就是要受教者知道我有自己，人亦有自己，我尊重我的自己，人亦尊重人的自己。如我只知尊重我的自己，不知尊重人的自己，人亦如是，那么人我相处必至不能相安，必至相仇视而底于乱。

◎ 我们要由鉴赏而认识，由认识而鉴赏。我们反对崇鉴赏者忽认识，尊认识者遗鉴赏。我们要知一切变异之质而鉴赏之，要知一切变异之则而鉴赏之。要鉴赏未经认识之一切，更要鉴赏既经认识之一切。

大师语录

◎ 执，和之障，乱之源也。美育有序：观和，平执；观爱，止执；观执，绝执。

◎ 我们要热爱学校，才能把学校办好，要热爱学生，才能把学生教好。

◎ 唯生无尽兮爱无涯，
　璀璨如花兮都如霞，
　畴发其蒙兮茁其芽，
　鼓舞欢欣，生气充塞，
　正则正如秋月华，美呀！

◎ 把我们的活动组织起来向一个目的进行叫做事，凡有益一切己生长和成就的事叫善事，凡有害一切己生长和成就的事叫恶事。教育目的是要被教者各个己都获得相当成就，当然是事之善者。但教者如把它当作谋自己生活的职业，把受教者当作成就自己的工具，那就变成人间绝大罪恶。

◎ 怎样便可顺利地达到教育目的？有一件事必先做到，就是要受教者知道我有自己，人亦有自己，我尊重我的自己，人亦尊重人的自己。如我只知尊重我的自己，不知尊重人的自己，人亦如是，那么人我相处必至不能相安，必至相仇视而底于乱。

大师影响

◎ 吕凤子先生矢志办学，精神可嘉。他把眼光已投向了抗战胜利之后。是的，整个民族的文化素质提高，需要教育。

——毛泽东

◎ 吕先生笃志办学，精神可嘉。救国之道，也离不开教育，这乃是长远之计。

——孙中山

◎ 国难当头，凤先生能继续坚持教育阵地，传播文化，让愚昧的同胞看到光明，实属难得！

——陈独秀

◎ 吕凤子与余在抗战期间，同在重庆市青木关服务于教育界。他不独是爱国画家及美术教育家，他在美术方面，有独特的风格，在刺绣方面，发明了乱针绣，他是有创造能力的美术家。

——陈立夫

◎ 弘扬民族艺术，振奋民族精神。

——吕叔湘

◎ 吕凤子先生是我国近代的著名画家和美术教育家，在海内外都享有盛誉。先生的作品立意清新，出神入化，为我们留下了极为珍贵的艺术财富。先生毕生热爱美术教育事业，曾长期执教于中央大学美术系，并在家乡创办了正则艺专和丹阳艺师，为我国

大师影响

培养了大批的优秀画家和艺术人才。他的艺术成就，他的思想品德，他的爱国主义精神，都永远为后人所怀念，所敬仰。

——中共江苏省委　江苏省人民政府

◎ 江左宗匠，西蜀名师。德高望重，神清骨奇。披植后学，桃李盈枝。为我艺院，树立风规。著述《画法》，坚持至理。积健为雄，有真内美。发扬传统，培养正气。享誉百年，传芳千祀。

——浙江美术学院

◎ 吕凤子先生是我国当代画坛上作出重要贡献的画家和著名的美术教育家。他的艺术深深扎根于民族传统，并富有时代精神。他在理论上和实践上的创造精神，在培育后辈方面表现出来的无私奉献精神，他杰出的人品、画品都是值得后人永远敬仰和纪念的。

——中国美术家协会

我读我思，闻道悟道

叶圣陶

1894-1988

大师档案

叶圣陶 江苏苏州人。原名叶绍钧，字秉臣、圣陶。现代作家、教育家、出版家和社会活动家，有"语言艺术家"之称。叶圣陶1907年考入草桥中学，毕业后任小学教员。1915年，任上海商务印书馆尚公学校国文教员，开始编写小学国文课本。1916年，叶圣陶完成童话故事《稻草人》的创作。1917年，应聘到苏州甪直的吴县第五高等小学任教，并尝试教育改革，编写新的教科书。1919年，加入北京大学新潮社，开始白话文学的创作。1921年与周作人、茅盾、郑振铎等人发起成立文学研究会，共同举起"为人生"的现实主义创作旗帜。1923年，进入商务印书馆从事编辑出版工作，1928年创作发表了长篇小说《倪焕之》。1930年，任开明书店编辑，并主编《中学生》杂志。1931年，"九一八事变"后，发起成立"文艺界反帝抗日大联盟"。1946年，回到上海，担任中华全国文艺界协会总务部主任及上海市小学教师联合进修会和中学教育研究会的顾问。

1949年，担任华北人民政府教科书编审委员会主任。又先后出任教育部副部长、人民教育出版社社长和总编辑、中央文史研究馆馆长、全国政协副主席、民进中央主席。1988年2月16日，叶圣陶在北京逝世，享年94岁。

叶圣陶被尊为中国语文教育泰斗，是语文教育科学化的奠基者，特别是对语文教科书的编写作出了开创性的贡献。

大师风范

语文人生叶圣陶

叶圣陶希望写作者是一个"杂家",他曾对新闻工作者说:"咱们干动笔写东西的工作,总要尽可能有丰富的知识……咱们要争取做一个杂家。"那么,叶圣陶自己是不是杂家呢?叶圣陶丰富的阅历和广博的知识完全称得上是一个"杂家"。但叶圣陶又是"专家",他在许多门类、许多类别的工作中,都取得了杰出的成就。在五四新文学运动时期,他是新潮社和文学研究会的重要成员。20世纪20年代,他先后出版了短篇小说集《隔膜》《火灾》《线下》《城中》,长篇小说《倪焕之》……他的童话创作、散文创作也都在中国现代文学史上产生了广泛的影响。叶圣陶也是文学研究会成员中创作成就最大的作家之一,是五四文学革命运动中新文学创作成就的主要贡献者。叶圣陶在中国现代文学史上具有举足轻重的地位。

与大多数著名作家不同的是,叶圣陶是作家,也是教育家;或者说叶圣陶是作家,更是教育家。比如说他的长篇小说《倪焕之》,它作为叶圣陶的代表作,与他的教育生涯有不可分离的关系。倪焕之是小说中着力塑造的一个人物,他是一个有抱负,并热切追求进步的知识青年,从小就立志"要干事情,总要干那与多数人有益处的"。1916年冬,怀着献身社会改革理想的青年倪焕之，由家乡到上海附近的一个乡镇高等小学任教，在这里，他遇到资产阶级改良主义者、校长蒋冰如。二人志同道合。不久师范女学生金佩璋毕业后也来到了这所小学任教，并与倪焕之结婚，三人共同进行教育改革的实验，决心培养具有"处理事物、应付情势的一种能力"的新人。他们把学习和种地、学习与做工结合起来，对学生进行体验教学与感化教育，但收效甚微，既没有得到同事的支持，也遭到周围舆论的反对，还遭遇了地痞流氓捣乱破坏。教育改革失败了，倪焕之陷入了极度的苦闷中，教育的出路在哪里？不改变社会，教育怎能改革成功？

这部长篇小说，叶圣陶酝酿已久。了解叶圣陶的人都知道，倪焕之这一人物明显有叶圣陶自身的影子。我们当然不能说倪焕之写的就是叶圣陶本人，叶圣陶也多次否认《倪焕之》是自传体小说。但叶圣陶在甪直镇任吴县第五高等小学教员的经历无疑是他创作这部小说最重要的生活源泉。叶圣陶1911年中学毕业后，先后当过10年的小学教师。倪焕之不是叶圣陶本人，却不无叶圣陶的教育经历。《倪焕之》反映的是那个年代小学教育的种种现状，以及某一类小学教师的工作与生活的境遇，也包括他们的思想与情感。同时，这部小说的诞生也是为了教育。1927年冬，为商务印书馆编辑《教育杂志》的李石岑、周予同，他们与叶圣陶商谈在杂志上开设一个名为"教育文艺"的栏目，拟连载与教育有关的小说，既能表明他们的教育观，又可使刊物多一些文艺的气质，更有利于吸引读者。两位编辑一起想到了最佳作者人选叶圣陶，而叶圣陶早年具有很多从事教育的生活体验和感情积累，也早有创作的想法与冲动，可以说，编辑的约稿与叶圣陶本来就要动手做的事情一拍即合。于是，叶圣陶便在工作之余，利用晚上的时间奋力创作，以每个月两个章节的速度交稿，终于在一年时间内完成了《倪焕之》的全部创作。

1919年，叶圣陶就写过一篇文章《今日中国的小学教育》。该文的开头写道："我是个小学教师，小学教育界的情形，当然比他人晓得得详细些。就我所晓得的情形而论，竟可说'不如意事常有八九'，好现象纵不是没有，也只有二三分罢了，因此，感喟频兴，思潮起落，觉得非改弦更张不可。"

在现代文学史上，如果要问哪一位著名作家与教育家这一身份的关系最密切，那一定非叶圣陶莫属了。叶圣陶先当小学教师，后当中学教师、大学教师，他的教育实践跨度大，十分丰富。他有关教育的精到论述更是俯拾皆是，如1919年，继《今日中国的小学教育》后，又写了《小学教育的改革》；1921年，写《关于儿童的想象力与情感》；1922年，写《教师问题》；1923年，写《致中学教师书》；1932年，写《暑假期中》；1933年，写《新课程标准与中学生》；1934年，写《唯一的教育方法——演讲》……可以这样说，从专业的角度看，叶圣陶这位大作家的教育理论和教学实践绝不亚于任何一位大教育家。

位于北京东城区沙滩后街55号的人民教育出版社，是叶圣陶工作的地方。叶圣陶是新中国成立后人民教育出版社的第一任社长，人教社现在仍然保留着叶圣陶当年工作过的办公室，用过的办公桌、书橱以及其他的用品。很多出版界的、文化教育界的，特别是语文教育工作者都愿意到叶圣陶当年工作过的办公室去感受一下。许多参观者久久凝视，并用手抚摸一下那张油漆早已剥离，桌面也已斑斑点点的老旧办公桌，这样的场景正是叶圣陶作为出版家的见证。如果说作为作家的叶圣陶是他文学才华的表现，作为教育家的叶圣陶是他走向社会的起点，那么，作为出版家的叶圣陶既是出于谋生的需要，更是出于责任的担当。叶至善回忆说,那时(1936年前后)父亲叶圣陶对国文教育很不满意,认为教学目的笼统,教学方法因循守旧,缺乏具体的科学性,语文课知识选文讲读,并没有确切的教学目标设计和教学时间安排。于是,叶圣陶和夏丏尊一起,重编《开明初中国文课本》,他们要试一试从教材的编排和教法的改革入手,"给与国文科以科学性"。他们依据"往日教学的经验和个人的信念",拟定了初中学生在国文课上应该受到的训练,应该得到的知识和应该掌握的技能。他们按自然的内在联系和循序向前的原则,把所有的教学内容排定了先后顺序。初中6个学期,每学期上课18周,共108课,这样每节课都有了明确的目标。《国文百八课》的书名就是这样来的。《国文百八课》头两册刚一出版就好评如潮。内容、编排都敢于打破传统,另辟蹊径。叶圣陶和夏丏尊也非常高兴。叶圣陶是语文教育现代化、科学化的开创者,这是大家公认的。从2017年开始,人民教育出版社新出版的部编版全国统一使用的初中语文教材在体例的设计、知识点安排上有许多创新,但它遵循的还是叶圣陶语文教育科学化的传统。作为教育家的叶圣陶,则是现代直至新中国成立后语文教育科学化、规律化的开创者与引路人。

　　叶圣陶"长长的一生"工作无数,著述等身。叶圣陶无疑也是最出色的出版家,但他从事的出版工作大都与青少年教育,特别是与中小学语文教育有关,他是用出版来做教育。 1949年以后,他任人民教育出版社社长; 1949年以前,他最重要的出版经历就是他与开明书店的关系。叶圣陶在开明书店工作长达20年,其中最重要的一项工作就是主编《中学生》杂志。叶圣陶主编《中学生》杂志时,每次都亲手撰写"卷头言",也就是通常讲的卷首语。现在那么多的刊物,每次由主编亲手写卷首语的不能说没有，但已经非常少见了。叶圣陶通过卷首语，对读者的处世态度、学习态度、是非标准，都加以详细指导。他通过深入浅出的文字，循循善诱的方法，对中学生进行思想的引导、心理的疏导和学习方法上的指导，很受家长和学生的欢迎。叶圣陶把自己所信奉的人生观、世界观、价值观，用春风化雨般的方式滋润中学生的心灵。我们只要看看叶圣陶对自己的要求，便可懂得为什么他要对中学生如此用心。叶圣陶说："一个人当深入生活的底里，懂得好恶，辨明是非，坚持着有所为有所不为，实践着如何尽职，不然就是白活一场。对于这一层，我现在似乎认得更明白，愿意在往后的小半截路上，加紧补习。"这段非常直白、简洁、理智的话与激情澎湃的豪迈语言虽然有所不同，但它精确地道出了叶圣陶自己的人生态度：做一个明白事理的人，做一个分辨是非善恶的人，做一个积极进取、不断学习的人，做一个对社会有用、为社会做贡献的人。无论是《中学生》的卷首语，还是其中的内容编排，无不体现叶圣陶强烈的教育意识，即对学生的身心健康做正面的指导。叶圣陶在开明书店工作期间，还与夏丏尊一起撰写了一系列辅导学生学语文和做作文的文章。如《文心》《文章讲话》《阅读与写作》，这些书至今都是一版再版。当年得到叶圣陶指导与引导的中学生，如胡绳、丁玲、秦牧、彭子冈、徐盈等都走上了文学创作或革命的道路，都取得了杰出的成就。《中学生》杂志后来虽然经历了许多困难，但叶圣陶遵照周恩来的指示，将开明书店及《中学生》杂志一直维持到上海解放。叶圣陶的出版生涯也是教育生涯，他对语文教育最重要的贡献，则体现于中小学语文课本的编写。在开明书店的最后几年中，叶圣陶先后编写了《幼童国语读本》《少年国语读本》。1948年，叶圣陶根据教学的需要，与郭绍虞、宋云彬、覃必陶一起编写了一套《开明新编国文读本》，甲种六册，乙种三册。新中国成立前夕，叶圣陶又与朱自清、吕叔湘合编了一套《开明新编高级国文读本》，以叶圣陶为主编的开明教材的编写与出版，在当年享有很高的声誉。事实上，叶圣陶所做的工作，为新中国语文教材的编辑出版充当了铺路石和打基础的作用。

叶圣陶刚工作时当小学教员，后来当编辑。他说："如果有人问起我的职业，我就告诉他：第一是编辑，第二是教员。"确实是这样，叶圣陶当编辑的时间比教员还长，却从来没有忘记当教员的职业。叶圣陶当编辑的原则是，有利于读者的书才出，对读者无益甚至有害的书坚决不出。特别是开明书店，其主要读者对象是青少年。叶圣陶认为，自己的出版工作是教育工作的一个组成部分，一个不可缺少的重要组成部分。他说：我们的工作，就是老师的工作，我们跟老师一样，待人接物都得以身作则。我们要诚恳地以平等的态度,.对待我们的读者，对待我们的中小学生，给他们必要的条件，让他们成长为有益于社会的人。叶圣陶不无满意地说：我们当时的确是用这样的准则来勉励自己的。

叶圣陶对教育的一个显著贡献是把语文教育引入科学性、系统性、规范化的道路，这自然是客观的、正确的，也是公正的，但叶圣陶对教育的贡献远不止于此。叶圣陶说，教育不仅仅是言传，还是身教，只有把言传与身教有机地统一起来，才是教育的真谛。作为出版家、教育家、作家，叶圣陶在这三个领域中的建树与贡献都与他有口皆碑的道德情操和君子形象相伴相随。朱自清在《我所见的叶圣陶》一文中深情地回忆了与叶圣陶交往的情景。在朱自清的笔下，叶圣陶沉默寡言，却与朋友把酒言欢，老先生表面上古板，拒绝奢华，却又充满才情和趣味。他谦逊和善，为他人着想，平等待人，内心深处则有是非善恶的尺度。叶圣陶犹如郑板桥笔下的竹子，"自然淡淡疏疏，何必重重叠叠"。叶圣陶又像王国维笔下的大家之作：其言情也必沁人心脾，其写景也必豁人耳目。其辞脱口而出，无矫揉装束之态，以其所见者真，所知者深也。张中行在《叶圣陶先生二三事》一文中评价叶圣陶：就"立德"方面，就我熟悉的一些前辈说，叶圣陶先生总当排在最前列。叶圣陶先生是单一的"儒"，思想是这样，行为也是这样。

张中行曾在人民教育出版社做语文教材的编写工作，叶圣陶是人民教育出版社的社长，他们在工作与业务上自然超出一般关系。张中行离叶圣陶如此的近，也使得他能更加真切地了解叶圣陶从细微处所体现出来的不同凡响。张中行在文章中写道：《论语》上的话有一处是"躬行君子，则吾未之有得"；还有一处是"学而不厌，诲人不倦，何有于我哉"。这两处都是孔老夫子认为虽心向往之而力有未能的，可是叶圣陶却偏偏做到了。张中行有感于叶圣陶的人品与格局，常常跟别人说："叶老既是躬行君子，又能学而不厌，诲人不倦，所以确是人之师表。"

"人之师表"，仅以文字之外的日常交往为例，叶圣陶的宽厚待人于他人就是一种无声的示范。按现在的流俗标准，叶圣陶无疑是名人"大腕"，更是高官领导，他曾任教育部副部长，但有人到叶圣陶的住处东四八条去看他，告辞时，客人拦阻他远送，无论怎样说，他一定还是走过三道门，四道台阶，送客人一直至大门外。告别时，他鞠躬，口说谢谢，看着来人上路才转身回去。不仅张中行有如是回忆，许多文化名人都有过类似的感怀。叶圣陶的文章著作固然令人敬佩，更令人敬佩的是他用一生的高尚诠释了"为人师表"的真正含义。

大师语录

◎ 读书这事是要学生晓得"已往",预备"未来"。

◎ 儿童在进学校之前,自有他们的生活;进了学校,自然是继续他们的生活。所以两者须顺着一个方向,不过在质的方面上有所不同,便是学校生活比以前的生活合理而有系统。将来他们出了学校,终其一生,把学校生活所得的经验作为基础去应付事物,这才收到了学校教育的效果。

◎ 感情的熏染,其活力雄于智慧的辩解。所以谆谆诏告不如使其自化。

◎ 学习的主体是我们自己。我们自己要学习,在任何环境中都行;我们自己不要学习,便是处适宜的环境,也只得到"外铄"的效果。所以,精当地说,唯有自己不要学习才是"失学",离开学校却不就是"失学"。

◎ 教师和学生,无论如何不应该对立起来。教师不是专制政治下的爪牙,学生不是被压迫的民众。教师和学生是朋友。在经验和知识上,彼此虽有深浅广狭的差别,在精神上却是亲密体贴的朋友。

◎ 教是为了不教。

◎ 小学教育的意义,概括说来,便是使儿童在行为上得到新的人生观。

大师影响

◎ 温、良、恭、俭、让这五个大字是做人的一种美德，我觉得叶老先生身上兼而有之。

——臧克家

◎ 叶圣陶不仅是一位作家，而且是一名新闻记者。对现实的观察成为他写作的源泉，他为中国现代文学开创了一片新天地。

——李慕楠，高永立

◎ 叶圣陶先生从1912年起从事语文方面的教学、编辑、出版工作，前后60多年，对于这半个多世纪里我国语文教育工作中的利弊得失知道得深切详明。

——吕叔湘

◎ 才笔焕发，规模阔大，有胜于圣陶的，但圣陶的朴素谨严的作风，及其敦厚诚挚的情感，自有不可及处。我们所以由衷地爱慕圣陶，而圣陶的作品对于青年的教育意义之重大，唯有从这一点才得到了最真切的说明。

——茅盾

◎ 圣陶先生一生在语文教育领域为采株寻根而不惮烟云，不计晨昏，70年来未尝稍息，其栽培栽蓺的辛劳勤奋，将永为后学的楷模。

——顾黄初

大师影响

◎ 叶圣陶的写作态度是严肃的,创作方法是现实主义的。

——潘懋元

◎ 叶圣陶先生是单一的儒,思想是这样,行为也是这样。这有时使我想到《论语》上的话,一处是:"躬行君子,则吾未之有得。"一处是:"学而不厌,诲人不倦,何有于我哉!"两处都是孔老夫子认为虽心向往之而力有未能的,可是叶圣陶先生却偏偏做到了。因此,我常常跟别人说:"叶老既是躬行君子,又能学而不厌,诲人不倦,所以确是人之师表。"

——张中行

我读我思,闻道悟道

陈鹤琴

1892–1982

大师档案

陈鹤琴 浙江上虞人。中国著名儿童教育家、心理学家、中国现代幼儿教育的奠基人。

1892年3月5日,陈鹤琴生于一个没落的商人家庭。6岁丧父,全家靠母亲替人缝补衣服维持生活。8岁入私塾学习,1906年,在姐夫的资助下,考入杭州蕙兰学堂(即现在的杭州二中)。1911年春,考入上海圣约翰大学。1911年秋,考入北京清华学堂高等科,在校期间创办校役补习学校和城府义务小学。1914年夏,清华毕业后,录取为"庚子赔款"留学生,留学美国,同船者有陶行知。陈鹤琴曾打算学医,后决心学习教育。抵美后,就读于约翰·霍普金斯大学。1917年秋,入哥伦比亚大学师范学院专攻教育学和心理学。1917年冬,跟随美国著名教育家孟禄去美国南方考察黑人教育。同年,当选为北美基督教中国学生会会长。

1918年,陈鹤琴获哥伦比亚大学教育硕士学位,后转入心理学系。准备博士论文时,正值南京高等师范学校教务主任郭秉文在美国物色教员,便应邀回国任教。1919年,在南京高等师范学校教育科任心理学、儿童教育学教授。1923年秋,在南京鼓楼自己住宅内开办南京幼稚园。1925年秋,南京幼稚园新园舍建成,定名为东南大学教育科学实验幼稚园,并由此开展幼教事业。同年,出版《儿童心理之研究》和《家庭教育》两本书。1927年,与陶行知、张宗麟一同发起中国最早的儿童教育团体——幼稚教育研究会,发表15条符合中国国情的办园主张。1929年7月,创建中华儿童教育社,成为国内最具规模的儿童教育学术团体。1940年夏,在江西创办中国第一所公立幼稚师范学校——江西省立幼师,任校长。1941年,创办《活教育》月刊。1943年,创办国立幼儿师范专科学校,即南京师范大学学前教育学院前身。1945年,创办上海市立幼稚师范学校(后改为市立女子师范学校)。1952年,任南京师范学院(现南京师范大学)首任院长。1982年12月30日,陈鹤琴在南京与世长辞,享年91岁。

大师风范

儿童世界陈鹤琴

著名儿童教育家陈鹤琴于1982年12月30日以91岁高龄逝世。他在病重时已不能说话，他的老朋友、著名心理学家潘菽和高觉敷到家中探望，陈鹤琴好像用尽力气也没能说出一句话，但从眼神中可以看出，他有许多话要跟老朋友倾诉，最后他伸手示意，原来是需要纸笔写字。陈鹤琴颤抖地写下了几个字："我爱儿童，儿童也爱我。"特别是最后一句话"儿童也爱我"，不但表现出一个教育家的自信与自豪，更让人感受到一位慈爱老人的一份天真，一份有趣。恰恰在这一点上，陈鹤琴的心与孩子永远是相通的。陈鹤琴病重甚至病危时的这一举动，令在场所有人都热泪盈眶。

1892年，陈鹤琴生于浙江上虞百官镇。上虞位于吴越腹地，这里钟灵毓秀，人杰地灵，陈家几代在此经商，经多年打拼，生意逐渐兴旺，家境日渐殷实。但到了陈鹤琴父亲手上，经营渐渐惨淡，生意每况愈下，直至难以维持。本已羸弱的父亲罹患疾病，病情不断加重，不久便撒手人寰。那年，陈鹤琴刚刚6岁。从此，陈鹤琴家便从小康完全坠入困顿，最艰难的时候，只能靠母亲替人缝补浆洗苦苦度日。家庭的这些变故给陈鹤琴小小的心灵留下些许阴影。

今天我们研究陈鹤琴，追问为什么他能够把自己一生最美好的一面献给孩子？这有两方面的原因：一方面，世事的艰难，生活的变故，常常让陈鹤琴从悲苦中滋生出悲悯的情怀；另一方面，也与他能用自己的人生体验不断去探求儿童教育的规律分不开。

陈鹤琴小时候受教育的经历也对他一生从事儿童教育研究产生了重要影响。陈鹤琴说，中国有句俗语"棒头底下出孝子"，这句话他的祖父、父亲都是深信不疑的。因为小时候受了这种严厉的教训，起了反应，所以他更想用慈爱的方法来教儿童。陈鹤琴又说，爱比严厉来得好些。因为父亲对小时候的陈鹤琴实在太严厉了。陈鹤琴曾回忆道："6岁中我没有同他吃过一顿饭，我们是不敢同父亲亲近的。"陈鹤琴后来成才了，但这并不代表父亲的严厉就是正确的教育。陈鹤琴日后对儿童教育孜孜以求的追求探索，是不是也包含着对自身受教育的经历作出的某种总结与反思呢？当然，陈鹤琴的家庭也有慈爱温暖的一面，陈鹤琴深情地回忆，是母亲让他拥有一个好的身体，是母亲让他"一个人在园子里的南瓜棚下玩烂泥，玩得满身烂泥，像个小泥人"。那又是一个多么快乐的童年啊！

陈鹤琴经历的家庭教育具有两面性，他所经历的学堂教育同样具有两重性。一是遇见一位好老师——王星泉先生。学问好又受人尊敬的王老师教孩子严而有度，宽以爱护，又讲究教学方法，指导十分具体精到，特别注重对学生的鼓励。陈鹤琴良好的国文功底就是在王星泉老师的教育下形成的。

二是陈鹤琴也碰到过不好的老师。同样是蒙学阶段，那位先生长期吸食鸦片，上课无精打采，教书随随便便，成天迷迷糊糊，原来就枯燥的四书五经被这位老师教得更加乏味。陈鹤琴感到在这个老师的手下读书，除了记了几千个字，其他知识基本没有学到。

那么陈鹤琴又是怎样取得学习上的成功的呢？同样是浙江籍的大数学家，美国普林斯顿大学终身教授、中国南开大学数学研究所的原所长陈省身说：如果非得追问成功有什么秘诀，那么，成功的人一般要有点聪明，有点努力，还要有点运气。父亲早逝，家道中落，这是家运不好。陈鹤琴的聪明自不待说，他是否会有点运气，这也不好说，但努力是陈鹤琴做得最好的一面。陈鹤琴命运的一个重要转机是在姐夫陆锦川的帮助下进杭州蕙兰学堂。为了筹措陈鹤琴的 35 元学费，姐夫把自己的皮衣和妻子的手镯都典当了出去。出门前，姐夫叮嘱说："读得好，可以读上去；读得不好，就去学生意。"姐夫语重心长的告诫深深刻在年仅 14 岁的陈鹤琴心中。

蕙兰学堂是由美国基督教浸礼会传教士甘惠德所创办，课程设置仿美国中等学校，成绩优异者可送到美国田纳西大学深造。蕙兰学堂除开设国文、历史、地理、英文等课程外，还有生物、数学、物理、化学等课程。同时，学校还十分重视体育，规定学生每天必须活动一小时。教会学校的新式教育对陈鹤琴是一个极大的挑战，虽然他在入学前已经读了很多年的书，但过去在私塾里四书五经的学习只是打了一点国文的底子，自然科学知识的学习几乎是零，更没有英文学习的机会。因为陈鹤琴入蕙兰学堂时已经 14 岁，他被插入相当于现在初一年级的下半学期，这样就意味着并不具备小学完整基础知识的陈鹤琴要在四年半的时间内读完中学的全部课程（蕙兰学堂的中学课程为五年制），入蕙兰学堂对陈鹤琴而言是机会，也是挑战。

读书唯"勤奋"二字，这是老祖宗留下来的教育真谛。陈鹤琴听过汉代倪宽"带经而锄"和隋末李密"牛角挂书"的故事,也读过"程门立雪"的故事。宋代的大学者杨时,三十年伏案读书,双肘都起了厚厚的老茧。这些都给陈鹤琴以激励。从那以后,蕙兰的校园里就出现了一个最刻苦的学生,无论是酷暑,还是寒冬,早上第一个起床读书的就是陈鹤琴。特别是在寒冷的冬天,每天早上他也五点钟准时起床。早晨五点天还没亮,很多人都在梦乡之中,学生们更愿意在温暖的被窝里多睡一会儿,但陈鹤琴已经在读书写字了。常言道,笨鸟先飞。陈鹤琴当然不是笨鸟,但再聪明的人也要勤奋。因为勤奋,所以成功,这是对陈鹤琴学习生活最确切的诠释。陈鹤琴通过勤奋很快补上了自然科学和英文学科的短板。陈鹤琴在入学的第二个学期成绩就排到了前四名,有一个学期还登上了学堂荣誉的榜首。他曾不无自豪地说:"在蕙兰一百四十五位同学之中,每天起得最早的要算是我了。"从陈鹤琴的身上,我们既感受到了吴越文化的机敏聪慧,也看到了越人"卧薪尝胆"之风的一脉相承。陈鹤琴曾在一篇文章中写道:"凡是人总是贪安逸、图舒服的。我能吃苦,不贪安逸,不怕艰难。以坚强的意志,深厚的自信战胜一切身体的欲望。这种意志力,这种自信心,对于我的一生做人是很有帮助的。"以后的陈鹤琴作为著名的教育家,他的教育理论给教育工作者以指引,但他的人生经历对当下教育也许是更好的活教材。无论是一个人,还是一个国家,若投机取巧与功利至上的风气弥漫开来,情况就会变得十分糟糕。陈鹤琴从小养成的勤奋读书的习惯影响了他的一生:尽全力做好事情,愿意做别人不愿意做的事情。陈鹤琴以后的成就与不同凡响,当然要追溯到他的少年时代……

　　1910年,将满19岁的陈鹤琴以优异的成绩从蕙兰学堂毕业，同样在姐夫陆锦川的鼓励下，陈鹤琴考上了那时中国最著名的教会大学——圣约翰大学。

在中国近现代教育史上，圣约翰大学具有重要的地位。它有"东方哈佛"之美誉，也是中国外交家的摇篮。在圣约翰大学学习的第一道门槛便是除国文外的老师全以英文授课，拉丁文的学习也让陈鹤琴吃尽了苦头。但在圣约翰学习期间，校长卜舫济对陈鹤琴的人格形成产生了重要的影响。陈鹤琴说，卜校长不但介绍西洋文化，而且特别重视人格教育，宣扬圣道。他总是苦口婆心，劝人从善，倡导仁爱精神，并以身作则。一个外国人尚能如此，我们岂不更应该如此吗？

从私塾，到蕙兰，再到圣约翰，这小学、中学、大学之路，陈鹤琴一步一步走向了读书改变人生命运的道路。光明在前，前途无量，1911年又有了一个新的机会。陈鹤琴的哥哥陈鹤云从报纸上看到清华学堂为选拔留学人才在国内招考的消息。在同学的鼓励下，陈鹤琴报名参加考试，一路过关斩将，考上了清华学堂。

在清华学堂就读期间，周诒春校长的教诲让他终身铭记：你们读书，总要研究得透彻，不要马马虎虎，一知半解。你们做事总要实事求是，脚踏实地，要从小做到大，从低升到高。

而张伯苓教务长的形象则长久地印刻在陈鹤琴的脑海中。张伯苓在清华学堂的时间虽短，但包括陈鹤琴在内的清华师生都难忘其魁梧的身躯、洪亮的声音。陈鹤琴回忆说：张伯苓的伟大人格已深深地印入我们的脑筋中了。

伟大的人格，这也是陈鹤琴一生所追求的人生境界。陈鹤琴的人格与道德修养，即使在他的同学中间也是有口皆碑的。国学大师吴宓曾与陈鹤琴同时就读于清华，吴宓曾在日记中写道："陈君鹤琴以道德之修养，品行之砥砺，为同学中最要之事……"吴宓的记载表明陈鹤琴的道德修养及君子之道是得到同学共同认可的。

陈鹤琴在清华读书期间与同学一起创办校役补习学校，曾在补习学校学习的一位理发匠在陈鹤琴即将赴美留学前找到陈鹤琴。那位理发匠说："陈先生，你要离开我们了，我们很难过。你待我们实在好，我们不能忘记你。"这位理发匠向陈鹤琴要了一张照片，并把它挂在墙上作为纪念。理发匠则将一把旧式剃头刀送给陈鹤琴，理发匠动情地说："这把刀剃起胡子来比外国刀来得快，每次你用它的时候也可以想到我们呢！"

1914年夏，陈鹤琴迎来人生的又一个转折点。清华毕业，他被录取为"庚子赔款"留学生，留学美国。1914年8月15日，那是陈鹤琴永远难忘的场景：上海招商局码头热闹非凡，人头攒动，陈鹤琴的亲朋好友十多人前来送行。其中，就有他的姐夫陆锦川、哥哥陈鹤云，他们都是专门从杭州赶来的。一起考上庚子赔款公费生的还有陶行知。至此，不妨插叙一段体现他和陶行知深厚友谊的故事。

1979年7月14日，陈鹤琴应陶行知遗孀吴树琴的邀请，为上海、重庆行知中学题词。陈鹤琴沉思良久，挥笔写下了以下十行满怀深情的话：

庆祝行知中学建校四十周年纪念！
行知同志千古不朽！永远活在人民心中！
我们教育战线系同志，
我们奋斗目标系同道，
我们实践标准系同行，

> 我们出生时代系同年，
> 我们海外求学系同学，
> 我们回国任教系同事，
> 我们立志为人系表率，
> 行知对我一生系楷模。

特别是"奋斗目标系同道"一句，如果没有同一奋斗目标，他们在美国就不可能同时追随美国著名教育家孟禄，也不可能都向往全世界教育研究中心美国哥伦比亚大学。陈鹤琴在清华是学理科的，到美国是准备学医的，但最终还是选择了学教育。有人早就发现了陈鹤琴对教育的情有独钟，他在清华期间就创办了校役补习学校和城府义务小学。陈鹤琴的同事邱椿回忆说，有一次在清华园南面的城府村溜达，看到街头围着很多人听一个小孩演讲，现场不断地响起掌声，仔细打听，原来这个小孩就在陈鹤琴创办的城府义务小学学习。邱椿断言，陈鹤琴将来会成为一个大教育家。

陈鹤琴在美国学习期间，先在霍普金斯大学获文学学士学位，后在哥伦比亚大学获教育硕士学位。就在哥伦比亚大学准备心理学博士论文期间，陈鹤琴接到南京高等师范学校教务主任郭秉文的邀请，回国任心理学、儿童教育学教授。

从此，陈鹤琴与儿童教育结下了不解之缘，他作为"中国幼儿教育之父"的人生历程由此起航。

从国外学成归来的陈鹤琴信奉的是实验与科学。

一是从儿子开始做观察实验的研究。1920年12月26日，长子陈一鸣在南京出生。他对陈一鸣的成长发育过程做了长达808天的连续观察，并用文字与照片做详细记录。他将孩子在各种场合、环境中透过表情、动作等反应表现出的生理和心理特征予以对比研究，以科学的数据得出科学的结论。

二是通过创办幼稚园做研究儿童的实验。1923年秋，在东南大学教育科的支持下，陈鹤琴在位于南京鼓楼头条巷25号自家住宅的客厅里开办了一所实验幼儿园，自己亲任院长，后逐步扩大规模。南京幼稚园是中国第一所开展教育科学研究的幼儿园。1928年，中国幼稚园课程标准的拟订运用的就是南京幼稚园的研究实验成果。南京幼稚园也成为当时全国幼稚教育实验中心，在国内外幼教界享有极高的声誉。1952年8月，陈鹤琴主动将南京幼稚园交由南京人民政府接办，并更名为南京市鼓楼幼儿园。

三是通过培养幼儿教师，保证幼儿教育的先进与科学。如1940年在江西泰和创办中国第一所公立幼稚师范学校——江西省立幼师。陈鹤琴任校长。1945年，他又在上海创办市立幼稚师范学校。

四是通过组织幼教学术团体，创办幼教学术研究刊物等，提高幼儿教育理论水平。

现代文明曾经历了很多发现。如19世纪欧洲自然科学领域诞生了细胞、生物进化、能量守恒和转换。再如欧洲人在文艺复兴、宗教改革、启蒙运动的人文发展过程中的三大发现：一是人，二是女性，三是儿童。陈鹤琴是不是中国发现儿童的第一人呢？如果没有陈鹤琴的工作，我们幼儿教育的理论化道路可能需要更长的时间去探索。他把现代先进的教育思想从美国、从世界带到了中国，又结合中国教育的实际开展了大量的组织与实验。陈鹤琴在开发儿童潜能，完善儿童人格，健全儿童体格等方面都建立了完整的体系。陈鹤琴被誉为"中国幼儿教育之父"，实至名归，当之无愧。

从今天的教育现状看，陈鹤琴毕生所从事的事业将关系到我们民族的兴衰，包括"活教育"在内的幼儿教育理论，将是新时期建立具有中国特色的幼儿教育理论体系的重要支撑。陈鹤琴当年为发展幼儿教育所做的开创性工作，将是对办人民满意的教育的一个最好证明。

陈鹤琴一生致力于儿童世界的营造，陈鹤琴一生也致力于世界儿童的培养。前者为孩子提供了最好的发展环境，后者让长大后的儿童立足中国，走向世界。这些努力正一步步成为现实。

大师语录

◎ 我们不要怕他哭，我们不要满足他的要挟，这才算是真正爱小孩子呢！

◎ 年轻的母亲，小孩子的武器是哭。你也有武器吗？也有，即一"吓"，二"骂"，三"打"，可惜这三种武器都是消极的、恶毒的。

◎ 小孩子生来都是好的，即使不好，也是父母影响他的，不是他的过失。大来学得不好，这又是环境的影响，教育的效果。小孩子实在不负什么责任的。

◎ 小时候如有爱人的精神，将来才能够爱社会，爱国家。

◎ 野外的花、草、树、木、虫、鱼、鸟、兽多么活泼可爱！我们要指导孩子理解自然界的现象，养成他科学研究和试验的精神，就要带领孩子到野外去。

◎ 好奇心关于儿童之发展、文化之造就，具莫大势力的。儿童凡对于一切新的东西，就生出好奇心。一好奇，就要与新的东西相接近；一接近，那就略晓得这个东西的性质了。假使儿童与新的境地相触愈多，他的知识必愈广。虽然由好奇心所得的知识，一时不发生效力，但后来于实用上很关紧要的。比方他以好奇心的缘故，知道木能浮水，蜂能刺人，火能烧，刀能割，这些经历，这些知识，于他将来很有用处的。

大师影响

◎ 他确实是一个很真诚的人，一个很淳朴的人，一个热情洋溢的人。只有这样一个人才能真正热爱儿童，儿童也才能喜欢他。

——潘菽

◎ 我的父亲是一位好脾气的老师。他不仅对自己的孩子脾气好，对每个孩子都是如此。因此，在南京开办鼓楼幼稚园期间，孩子们都管他叫"校长妈妈"。

——陈一心

◎ 陈先生此书所述各种教育方法，或宽或严，都以事体的性质为根据，不以施教育的人为转移。他和他的夫人对于一鸣的教育就是往这条路去走的。我们看他教一鸣觉得他是个母亲化的父亲、姊姊化的父亲，但他从没有失掉父亲的本色。

——陶行知

◎ 陈教授为儿童心理学者，而其性情纯粹，兴味浓郁，颇有似于老子之所谓"婴儿"。

——郑宗海

◎ 他的服务精神有坚强的毅力，环境不能改变他的方针，和气里有一贯的主张，为儿童尽瘁，从不灰心。
永远微笑的儿童教育家。

——俞子夷

大师影响

◎ 在家庭中的儿童教育上，陈先生的贡献，可说前无古人，至少在中国可以当得。

——张宗麟

我读我思，闻道悟道

李叔同

1880-1942

大师档案

李叔同 祖籍浙江平湖。字息霜，幼名成蹊，别号濑筒。著名音乐教育家、美术教育家、书法家、戏剧活动家，中国话剧的开拓者之一。

1880年10月23日，李叔同生于天津。父亲李世珍是清朝同治四年进士，官至吏部主事，后辞官承父业经商成津门巨富。

李叔同6岁时跟随年长自己12岁的兄长读书，8岁拜常云庄先生为师攻读四书五经，同时学习书法、金石等技艺。1895年，16岁的李叔同考入辅仁书院，常常因作文出彩而获得奖励。18岁时，他用哥哥给的钱购买了一架钢琴，开始学习音乐。他的思想倾向于社会变革，对康有为、梁启超的变革运动很有追随之意，同时也引来了潜在的祸患，于是携全家到上海，在法租界租房安顿。

李叔同依靠父辈在上海的钱庄，可凭少东家身份支取生活费用，经济上宽裕，这也为他在上海发挥才情提供了条件。李叔同与文人雅士交往，讨论诗词辞赋，开展戏剧活动……与黄炎培、邵力子从学于蔡元培，与任伯年、吴昌硕等书画大家常有切磋。李叔同26岁时，生母王氏病逝，他又东渡日本留学，后考入日本东京美术学校油画科。1910年回国，任天津北洋高等工业专门学校图案科主任教员，又任上海城东女学音乐教员。1913年，任教于浙江两级师范学校（后改名为浙江省立第一师范学校）。36岁兼任南京高等师范学校图画音乐教员。

1916年，李叔同在虎跑寺经历了17天断食，这也是他出家的直接缘由。1918年农历七月十三，李叔同告别了任教六年的浙江省立第一师范学校，将所有物品分发给学生、友人，正式出家为僧，法名演音，号弘一，被后人尊称为"弘一法师"。

大师风范

灵魂高度李叔同

1914年，李叔同在浙江省立第一师范学校教书。就在那一年的冬天，北风萧萧，雪花飘飘，天地一片苍茫，著名诗人，也是李叔同的好友许幻园突然找到李叔同。许幻园站在门外，大声喊道："叔同兄，我家破产了，咱们后会有期。"说完，挥泪告别。李叔同看着昔日好友远去的背影，没有追上去，也没有呼喊他返身聚谈，而是立于雪地沉思很久，一直到许幻园的身影消失于纷飞的大雪之中。此后，李叔同返回屋内，含泪写下了一首脍炙人口的，至今仍传唱不衰的《送别》，也是经典电影《城南旧事》的主题歌。

长亭外，古道边，
芳草碧连天。
晚风拂柳笛声残，
夕阳山外山。
天之涯，地之角，
知交半零落。
一壶浊酒尽余欢，
今宵别梦寒。

> 长亭外，古道边，
> 芳草碧连天。
> 问君此去几时来，
> 来时莫徘徊。
> 天之涯，地之角，
> 知交半零落。
> 人生难得是欢聚，
> 惟有别离多。

李叔同的《送别》是不是有点像《西厢记》中第四本第三折《长亭送别》的情景及意境：在长亭之外的古道旁边，浓密的青草一直向着地平线的尽头延伸。晚风拂过柳梢，夕阳在山外山之处。好朋友漂泊在各个地方，我拿起酒壶一饮而尽，希望能将这仅有的欢乐尽情地释放出来。在这痛苦的分别时分，夜晚的梦都会十分凄寒……

李叔同创作的灵感来自好友许幻园的离去。更多人认为李叔同是受了19世纪美国音乐家奥德威《梦见家和母亲》和日文歌《旅愁》的启示。这些都不错，但这些影响都是表面现象。这首传唱至今，被评论家称为李叔同"俯下身在尘埃中开出花来"的学堂乐歌，本质上反映的还是处在那个时代特殊环境中的知识分子的失望与不满。李叔同从日本回到中国以后，目睹中国社会衰败凋敝的情景，目睹封建统治下的中国又一步步沦入殖民地半殖民地的境地。于是他与好友许幻园一起宣扬民权思想，一起倡导移风易俗，一起宣传婚姻自由，李叔同与许幻园一起处在社会改造的风口浪尖。二次革命的失败，袁世凯的称帝，军阀称霸一方，百姓深受穷困动荡之苦，许幻园的百万资产也荡然无存。许幻园要讨回公道，李叔同却无法帮助朋友，就在这无奈的离别与哀伤的情绪中，李叔同创作了这首优秀作品。可以说，推动学堂乐歌的兴起，是李叔同对中国教育最大的贡献。而学堂乐歌兴起的背景则是对改变中国人精神面貌、改造中国社会有强烈的需求。康有为、梁启超变法维新，倡科学废科举，学校教育有了改革的理由和要求。康有为向光绪上书的内容中就有增设"乐歌"课程的建议。梁启超则呼吁："今日不从事教育则已，苟从事教育，则唱歌一科，实为学校中万万不可阙者。举国无一人能谱新乐，实为社会之羞。"康有为、梁启超的维新变法思想对李叔同影响很大。清光绪皇帝采纳康梁维新主张时，李叔同只有19岁。戊戌变法失败后，康梁亡命国外，守旧派复辟，全力搜捕所谓的康梁党羽。虽然19岁的李叔同并不认识康有为和梁启超，但天津有传李叔同也在复辟势力的搜捕之列。李叔同家人惴惴不安，于是李叔同携家眷到上海避祸。不管李叔同认不认识康有为、梁启超，李叔同在思想上是追随康有为、梁启超的。李芳远《弘一大师年谱》十九条记载："康梁政变事泄，逃难天津六国饭店。师目击当时国家积贫积弱，知非革新无以图存，于是专门自刻一枚印章：南海康梁君是吾师。"袁希濂著《我与大师之关系》中记载："师本为富贵公子，自幼即敬老怜贫，疏财仗义，年少多才，新学旧学俱有根底。戊戌变法后，京津之士，有传其为康梁同党者，乃奉母南迁。"后人对李叔同的了解，多停留于他剃度出家，看破红尘。其实，年轻的李叔同追求进步，投身变革，一腔热血。

虽然革命未成，但李叔同却凭借才华在教育的改革上发挥了独特的作用。包括响应梁启超重视音乐教育的呼吁，李叔同将其付诸行动。现在所有人耳熟能详的《送别》无疑是最经典的学堂乐歌，而李叔同最早写作并同样流行开来的学堂乐歌叫《夕歌》。《夕歌》就是学生傍晚放学的时候唱的歌，歌词是这样的：

　　光阴似流水，不一会儿课毕放学归。
　　我仔细想一回，今天功课明白未？
　　老师讲的话可曾有违背？
　　父母望儿归，我们一路莫徘徊，
　　将来治国平天下，全靠吾辈。
　　大家努力呀！同学们明天再会！

　　如果说《送别》哀痛伤感，那么《夕歌》则是轻快欢欣。《夕歌》明白如话，读起来朗朗上口，结尾两句属于宏大主题：爱国与奋斗。但它却在夕阳的诗情与晚霞的画意中表现。儿童少年每天唱着这样的歌回到家里，将会拥有什么样的由美与愉悦而产生的精神动力！"治国平天下"的儒家思想被李叔同巧妙地植入到深沉婉转、轻快自由的旋律之中，其润物细无声的教化作用比千万遍的说教不知道要强多少倍。虽然1902年清政府颁布的《钦定学堂章程》中规定新式学堂必须开设"乐歌"一科，后来又规定音乐必须列入学校课程，初等小学、高等小学堂都要开设"乐歌"课，但如果没有李叔同的音乐作品，学校的音乐课堂就不可能受到欢迎。因为有李叔同的创作，并身体力行地推动，中国的音乐教育才大大地前进了一步，社会上也很快催生出了一批学堂乐歌，同时，各式各样的乐歌教材也纷纷出版发行。

　　作为弘一法师的李叔同是高僧，但李叔同对中国音乐美术教育的贡献则是因为他是音乐教育家、美术教育家。

1913年,李叔同受聘于浙江两级师范学校(后改名为浙江省立第一师范学校),担任的工作就是音乐与绘画的教学。1915年起,又兼任南京高等师范学校的音乐绘画教师。南京大学的第一首校歌也是由李叔同谱曲的。

李叔同在浙江省立第一师范学校时,与自己关系最密切的学生莫过于丰子恺。这里的密切并非指丰子恺与老师李叔同关系多么的好,而是指丰子恺认为李叔同是对自己影响最大的一位老师,李叔同让丰子恺敬佩一生,也追随一生。丰子恺16岁那年到杭州求学,那时候浙江省立第一师范学校名师云集,一派生机。特别是文化艺术教育,更在全国享有盛誉,丰子恺在此遇见了一位老师,便是李叔同。

在丰子恺的印象中,李叔同永远沉静寡言。每次上课,李叔同都要深深地对全班学生鞠躬,下课时也以鞠躬的方式与学生暂时告别。他从来都不呵斥学生,对学生严格而不苛责。有一次,一个学生随地吐痰,李叔同只是轻轻地说了一句:"不要在地上吐痰。"

有一次,一个学生关门"砰"的一声,李叔同也只是轻轻地说:"要轻轻地关门。"他这样轻轻地说过以后,还会微微地鞠一躬离开。李叔同对丰子恺这样优秀的学生常常予以鼓励的口吻。李叔同对丰子恺说:"你的画进步很快,在我所教的学生中,从来没有见过这样快速的进步。"丰子恺则在多篇回忆文章中说道:"李先生喜欢的,我都喜欢。李先生的人格和学问统治了我的感情。"李叔同从不对学生发怒,说话更是不多。但李叔同在学生中享有崇高的威望。李叔同有三句名言:一是"认不足则多虑"。你的知识不多,做事不认真不踏实,当然就有很多的忧虑与焦急。二是"信不足则多言"。信，诚信、诚实、诚恳、坦诚之意。你没有了起码的诚信度，即使想说很多的话，或者用很多的话来弥补，那都是没有用的。三是"威不足则多怒"，我们常讲权力和权威，有权力不等于有权威，权威的重心不在权而在威，威就是威信、威望，有威信和威望的人不会也不需要发怒。李叔同作为一个教师的威信和威望是靠他的人格与学问建立起来的，这也是给所有教育工作者最大的启发，是李叔同留给教育最大的精神资源。李叔同极其认真的做事要求，极其谦恭的君子风度，极其宽厚的仁者品格，这些给包括丰子恺在内的所有学生以一生的影响。丰子恺为了报答李叔同之师恩，在李叔同50岁生日之际，画了50幅"护生画"，一方面是祝贺老师的生日，另一方面彰显师生之同一思想情感与人生意愿："护生者，护心也。去除残忍心，长养慈悲心，然后拿此心来待人处世。"在以后漫长的岁月里，丰子恺一直没有忘记李叔同这一让自己钦佩的恩师。丰子恺花了整整45年的时间，完成了450幅图文并茂的《护生画集》，这450幅画既弘扬了老师李叔同的精神，也是一件不可多得的文化精品。丰子恺一系列的散文作品，其题材与立意方向很多都与老师李叔同不无关系。丰子恺说，人生分三个层次：第一是物质的，第二是精神的，第三是灵魂的。大多数人一辈子为吃穿住之生存而奔波，无暇也无力追求精神的层次。有一些人不满足于物质的生活，于是就追求艺术，追求人生的品位。但另有一种人，也只是少数人，能达到灵魂的层次与灵魂的高度。自己的老师李叔同就达到了灵魂的层次。至此，想到了著名散文家梁衡对瞿秋白的评价。梁衡在《觅渡，觅渡，渡何处？》一文中写道，如果说瞿秋白一开始是舍其利成其事，那么，他后来与敌人的斗争，则以另一种形式呈现：舍其事而成其心。这一个"心"字,尽管可以从很多角度去解读,但悲悯的情怀与大同的理想则一定是瞿秋白心向往之的。联想到李叔同的家世,他原籍浙江平湖,祖父辈是经营盐业及银钱业的,父亲李世珍是清同治四年进士,先为官,后辞官承父业成为津门巨富。可以说,李叔同的童年少年时期物质生活是很富足的,但李叔同恰恰不满足于这样的物质生活。一是他有艺术天赋,有艺术天赋的人对精神生活有一种自然的需求与追求。二是李叔同的父母亲笃信佛教,李叔同从小就跟着大人念诵《大悲咒》《往生咒》,李叔同在家中也常常与弟弟一起学僧人做法的状态,追求精神的生活,向往灵魂的净化。李叔同的后半生已远远超出了自己对儒家君子形象的追求,以约束为前提,让修养根植于内心世界,处处为别人,为天下的大众着想……这其中有佛教文化的内容,更有中华文化的精髓。这一切都可用一句话概括,那就是李叔同就是那种以天下情怀为追求,以内心修养为要求、为所求的不朽人格的化身。

李叔同六七岁开始跟随年长自己 12 岁的兄长文熙读书,受到启蒙教育。8 岁开始拜常云庄先生为师,攻读《四书》《诗经》《左传》《尔雅》《文选》等,同时学习书法、金石等技艺。15 岁读到"人生犹如西山日,富贵终如草上霜"诗句时,很有感慨,并开始有了自己的思想,内心反叛的种子也开始萌芽。与此同时,对戏剧产生兴趣。16 岁考入天津城西北文昌宫旁边的辅仁书院。李叔同在辅仁书院时出类拔萃,作文成绩总是名列前茅,经常获得奖学金。十七八岁时跟随天津名师赵幼梅学诗词辞赋,爱读唐五代诗词,尤其喜爱王维的诗作。接着学音乐作曲,并得到哥哥的资助,买了一架昂贵的钢琴,学习音乐和作曲。到上海以后加入"城南文社"。李叔同在上海期间正值青年,一方面他热心诗词书画，另一方面积极参与与社会改革有关的各种社团活动。在上海期间，李叔同结识了不少志同道合的人，他与同学曾延年等组织创建了春柳社，这是中国第一个话剧团体。在话剧《茶花女》中，李叔同扮演茶花女一角，所以，李叔同也是中国话剧舞台艺术的先行者与创造者。

李叔同29岁时退出了春柳社，专心于音乐与绘画的教学与创作。李叔同39岁那年，在杭州虎跑定慧寺正式出家，直至1942年10月13日圆寂，享年63岁。

纵观李叔同的人生轨迹，大致上可分为三个阶段：一是蒙学期间聪慧中的孤寂；二是十五志于学直至青年时代，对变革维新的热切向往相随于对艺术教育的不凡贡献；三是出家后潜心佛学研究的大师形象（弘一法师）。

李叔同被誉为艺术奇才，用今天的"德艺双馨"仍不足以概括他的人生特质与成就。他的君子形象有口皆碑，他的人生气度高远宏大。他的心灵深处，既有思的追根究底，更有想的超凡脱俗，他似乎在用一生的行动与思索追问自己到底从哪里来，又到哪里去。他是集艺术探索、哲学思考、宗教情怀、历史得失于一身的一代艺术大师。

如何认识与评价李叔同传奇的一生？称他为杰出的音乐家、画家、教育家都是合适的。而他又是一位佛学家，也许只有在他圆寂前写下的"悲欣交集"四个字能够概括他一生的生命真义。

◎ 既已学矣，即须常常自己省察，所有一言一动，为善欤？为恶欤？若为恶者，即当痛改。除时时注意改过之外，又于每日临睡时，再将一日所行之事，详细思之。

◎ 省察以后，若知是过，即力改之。诸君应知改过之事，乃是十分光明磊落，足以表示伟大之人格。

◎ 诸位请看看自己的身体，上有两手，下有两脚，这原为劳动而生的。若不将它运用习劳，不但有负两手两脚，就是对于身体也一定有害无益的。换句话说：若常常劳动，身体必定康健。

◎ "尊"是尊重，"自尊"就是自己尊重自己。可是人都喜欢人家尊重我，而不知我自己尊重自己；不知道要想人家尊重自己，必须从我自己尊重自己做起。怎样尊重自己呢？就是自己时时想着：我当做一个伟大的人，做一个了不起的人。

◎ 自尊与贡高不同。贡高是妄自尊大，目空一切胡乱行为；自尊是自己增进自己的德业，其中并没有一丝一毫看不起人的意思的。

◎ 造物所忌，曰刻曰巧。圣贤处事，惟宽惟厚。

大师影响

◎ 朴拙圆满，浑若天成。得李师手书，幸甚！

——鲁迅

◎ 他是传播西洋绘画、音乐、戏剧到中国来的先驱。

——周恩来

◎ 深悲早现茶花女，胜愿终成苦行僧。无尽奇珍供世眼，一轮圆月耀天心。

——赵朴初

◎ 李叔同是我们时代里最有才华的几位天才之一，也是最奇特的一个人，最遗世而独立的一个人。

——林语堂

◎ 不要认为我是个高傲的人，我从来不是的，至少，在弘一法师寺院的围墙外面，我是如此的谦卑。

——张爱玲

◎ 他与我们差不多处在不同的两个世界。就如我，没有他的宗教的感情与信念，要过他那样的生活是不可能的。然而我自以为有点了解他，而且真诚地敬服他那种纯任自然的风度。

——叶圣陶

大师影响

◎ 在我们教师中,李叔同先生最不会使我们忘记。他从来没有怒容,总是轻轻地像母亲一般吩咐我们。

——曹聚仁

我读我思,闻道悟道